待ち焦がれていた凱旋《がいせん》の時《とき》がきました

ふるさとに還りたいスターシードたちへ

村松　祐羽

目次

波の音を耳にしながら、麻耶は心の声を聞いていた……

(もう生きていられない……!?　こんな酷いことがあっては、生きてなどいたくない!!)

(どこを死に場所として選ぼうか……?　こんな醜い社会で生きるくらいなら、死を選ぶほうがよっぽど救われる!!)

——麻耶《まや》は思い詰めていた……

(なんだろう?　これほど生きるも辛く、残される子供たちを想うと、死んでも辛いなんて……いつでも神さまを信じてきたし、仏様も信じてきたのに、助けてはくれないのかしら……!?)

——麻耶にはもう、信じられるものが残っていなかった……

(なによりも、可愛い優しい結花《ゆか》を自殺に追いやった——許せないことをした男を私の手で殺してやりたくても、たしかな相手の存在も武器も、私のすぐそばにはない。あるのは……)

――麻耶は、長女の結花が残した手紙をしっかりと握り締めていた……
そこにはこう書いてあった――

お母さんのことは大好きで
大切に育ててくれたことに感謝しています

また可愛い妹と弟との別れを思うと
悲しくて涙がでます
死を選んだ親不孝な私をお許しください

とても信頼していた彼なのに
彼の友人まで呼んで急に犯された苦しみを
日々抱えて生きるほどの強さがありません

ごめんなさい
ごめんなさい

天国でいつも
結花の夢にでてくれる天使ちゃんたちと
大好きな家族を守っていますからね

（……結花ちゃん、どうしてわずかな手紙を残して死んでしまったの……？　どんなに悲しくても、お母さんや希美《のぞみ》や健《けん》がいるから、相談してほしかった……!!　お父さんに突然の病気で先立たれ、父親のいない寂しい暮らしぶりに変わったけれど、親子四人は肩を寄せ合い大切にし合って、仲良しでしたよね……!?）

――麻耶は、ひとり暗い海を前にして、思わず声を上げて泣き崩れていた……

麻耶は、残される娘と息子がいることを想うと、もう胸が張り裂ける悲しみのなかで後先のことを冷静に考えることもできず、暗い海の中を歩き始めていた……

そして、冷たさも感じず腰まで海に浸かった瞬間――

――プラズマ状の〝光球《UFO》〟が忽然《こつぜん》と出現!!

麻耶を身体ごと保護し包み込んでしまった……

「あっ！」
（周囲が光で――何も見えない！）
麻耶は叫び、目を瞑《つぶ》った。

――〝光球《UFO》〟の中で、ホログラム映像が出現!!

麻耶は目を開け、身構えた。
「えっ！」
（何が始まるの……？）

《麻耶！　哀しんで死んではいけない！
〝マヤ〟は私の娘だからね……》
《麻耶！　これからはすべてを受け入れ許し
あの輝く太陽の中心に向かうんだよ！

この惑星で起きるどんなドラマも愛し
包み込むようにならなければいけないんだ！
この惑星のすべては儚《はかな》い幻影《まぼろし》なのだから……
強くなければ……強くなければ……
あの広大な銀河の河は渡れない……》

《麻耶！　思い出すがいい……
〝マヤ〟がかつて虹の王国に辿《たど》り着いたのは
死をも恐れずに、どれほど戦い続けてきた
結果であったかを……
今こそ強い太陽の子
〝マヤ〟を思い出すんだ！》

《麻耶！　思い出すがいい……
〝マヤ〟が地球で時代を動かし国をつくり
民を守らんとどれほど命をかけて戦ったかを……
〝マヤ〟が決断をしたときには

死などは恐れたことがない！》

《麻耶！　だから
眠るときはどこまでも静かに眠れ！
いよいよ時が来たと気がついたら立ち上がれ！
この地球でともに命を懸《か》けてきた
〝マヤ〟の勇者たちが待っている……》

《麻耶！　望む魂の声に今こそ従い
持てる力を輝かせて
あの眩《まぶ》しい太陽の中心に帰れ！
〝マヤ〟父はいつでも待っている……》

（えっ、父の声……⁉）
麻耶の父が縦髪を振るわせる〝ライオン〟になり、強い響きで麻耶の全身を震わせていた‼

——麻耶は号泣していた……

（これは夢か……⁉　それとも、死の世界の入り口か……⁉）

――麻耶の乗った〝光球《UFO》〟が徐々に掬《すく》い上げられていき、麻耶の意識も遠のくような感覚になっていく……

（死ぬのかしら……私？）

――それと同時に、麻耶の脳の記憶中枢はフラッシュバックして、麻耶の人生が〝走馬灯〟のように思い出されていく……

（なぜこれまでの人生を……今、はっきり思い出しているの？　まるで記録映画を見てるみたい……）

麻耶は、この度の人生を振り返っていた――

私は人口二〇万人ほどの田舎町に生まれました。

父、母、四歳下の妹と一緒に暮らしていました。

なぜか父と母はいつも言い争いをしていたのです。

子供ながらに、見ているのはとても辛かったです。


父の仕事は医療関係の営業職でした。

各地の田舎町に薬を届けるといった仕事もあるため、家を空けることが多かったのです。

記憶をたどると特別イケメンではなかったと思う父でしたが、困っている人を見ると助けたくなる性格で、特に女性には優しい人でした。


たびたび女性関係で問題を起こし、それがきっかけでよく夫婦喧嘩《ふうふげんか》をしていたのです。

妹と私、ふたりとも部屋の隅でガタガタ震えながらも、激しい喧嘩《けんか》の成り行きを見ていたのを覚えています。このとき私は小学三年生、妹は小学校に上がっていません。

そしてついに、父は家に帰らなくなってしまいました。


強い母は、私たちと一緒に生きることを決意し仕事を始め、懸命に働いていました。

日中、私と妹は、近所の悪ガキたちと遊んで父のいない寂しさを紛らわせていました。

日が暮れて夜になると、妹と窓越しに外を眺めながら、大好きな母が帰るのをふたりでじっと待つのでした。そんな寂しい思いをした記憶があります。

夜空を見るクセがある私は、星が動いたり飛んでいるのをよく眺めていました。

そんなときに、寂しい私は（なぜ自分はここにいるのだろうか……？）とか、（なぜ大好きな父は帰ってこないのだろう……？）と思っていました。

また、幼いときに父の膝に抱かれて甘えていたことを思い出すのでした。


後で気がついたのですが、母も父が大好きだったからこそ、外に女性をつくる父が許せなかったのだと思います。母は「仕送りもいらない！」と、父に言っていたのです。

不思議なことに当時のことを振り返ってみると、その頃の自分は不幸だとは思っていませんでしたが、この一連の出来事は哀しくて、今でも忘れることができません。


あるクリスマスの日、母は病院に勤めていたこともあり、病院で特別に出ていたお料理を少しだけ仕出し弁当風に詰めて、私と妹に食べさせようと持ち帰ってきてくれました。

私と妹が普段食べない料理に感激し「美味しい！」「美味しーぃ！」と食べていた姿を見て、母は涙を流していたのです。そのワケは、その時の母の心中は後にわかりました――

（こんなお料理で「美味しい」と喜んでいる子供たち……不憫《ふびん》すぎる!?　もっと幸せになってほしい!!）

母はそう思い、それからは昼も夜も働くようになりました。

そんなある日、母は夜の職場でヤカンの煮えたぎったお湯が背中にかかり大やけどを負い、運ばれて家に帰ってきました。

母を運んできた人たちが病院に連れて行ってくれるとよかったのですが、母はそのまま家に連れて来られたのです。妹と私はオロオロするばかりでした。

母は、私たちに「……ぉ、お願い！　やけどのクスリ、買ってきて……それ塗ったら、治るから……」と言うのです。

妹と一緒に薬を買ってきて言われたとおりにしたのですが、背中の熱傷《やけど》がひどすぎて、それから毎日、辛そうにうなされていたのです。

私は、このままだと大切な母が死んでしまうと思い、幼いながらに真剣に「助けてください！」と、神さまに祈りました。

麻耶は子供のときに、ＵＦＯに二度ほど助けられている……

大人になってからわかったことですが、私は魂が宇宙から来ている存在で、子供のときにＵＦＯに二度ほど助けられているようです。

「ＵＦＯに乗って答えをもらって、助けられているよ！」と、超能力者の方から教えてもらいました。


一度目はこの母の出来事です。

神さまに真剣に祈ったとき、
《――麻耶！　病院に行きなさい!!　助けてくれる人が現れるから……!!》と、私の意識に入ったのです。それと同時に、

(周囲の大人たちは、なぜ？　――こんな状態の母を、助けてくれなかったのだろう……？)

と悲しかったです。


私は、なんとか知人の手を借りて、母を病院に連れて行きました。すると病院の先生に、

「なんでこんな状態になるまで病院に連れて来なかったの……!?　二、三日遅れたら、お母さんの命が無かったよ!!」と言われ、本当に助けられたと思いました。


二度目は、私が命の危険を感じた時のようです。

ある日、すごい腹痛があり、それは気を失うような痛みが続き、三日ほどトイレから離れることができませんでした……

母が病院に連れて行ってくれて「腸チフス」ということが判明しました。私は保菌者ということで病室に隔離されたのです。

妹も保菌者ということで隔離されることになりましたが、気の強い妹は最後までイヤだと抵抗しました。妹を連れに来た人たちは、手を焼いた妹の抵抗ぶりに「こんなに引っかき傷をつくられて、大変だったよ！」と話していました。

もちろん家族だけではなく近所の人や学校にも保健員が出向き、私のせいで消毒騒ぎとなりました。

その後、完治して学校に行った時の、みんなの危険人物を見るような対応のなかで、教室に座っていた、私の隣の男の子が癲癇《てんかん》を起こし倒れ込んだのは、今でも覚えています。

この二つの出来事が、子供の頃にＵＦＯに助けられたときの話です。

それからは、妹とふたりで「親孝行をしようね！」と言い合いながら、母子家庭のなかで成長しました。

高校を卒業し、私はあるデパートに就職願いを出しました。

後で知ったことですが、当時のデパートには、両親がそろっていてキチンとした家庭の人でないと採用しないという、基本方針があったようです。

そんなことを知らなかった私は、面接官に「一生懸命どんな仕事でも頑張ります。大変な思いをして育ててくれた母を、私は一刻も早く助けたいし、恩返しをしたいからです！」と思いを熱くぶつけていたのでした。

その気持ちに感動してくれた面接官が「君を採用するよ」と動いてくれて、紳士服売り場で働くことが決まりました。


その職場に配属されて初めて出会った男性が、後に結婚する夫でした。

共通の友人に、夫が私を紹介してほしいと頼んだという話からの出会いでした——私は彼に見初められたのですね。

それから周囲の人たちにも恵まれ、三年お付き合いして結婚するまで勤めました。


私は結婚を期に、とても幸せになりました。

結婚した夫はとても優しい人でした。

私を愛し、なんでも話し合える嬉しい出会いができたのです。

夫の家族にも大切にされて、やがて最初の子供ができました。

その子が結花《ゆか》です。結花はとても可愛い子で、みんなに可愛がられ育ちました。

夫の父である舅《しゅうと》は経営者で、たくさんの従業員を使っていたのです。

けれど家には帰らず、いつも仕事が終わると外にできた女性のところに帰るのです。

夫には兄弟がいましたが、舅《しゅうと》の仕事を手伝っていたのは夫でした。

夫は母の辛さを思い、そのことを嘆いていました。

後にお舅《しゅうと》さんが七十一歳で病気になって、とても長い病院生活になってしまうのです。

その頃に二人目の女の子、希美《のぞみ》が生まれるのです。

麻耶の真剣な〝祈り〟――その行きつく先は……？

私は周囲に助けられ、家族円満に暮らしていました。

ところが、舅《しゅうと》の病気が治らずに一年近く入院する辛さを見ているうちに――大好きな舅《しゅうと》でしたから――ついにある夜、屋外で、私は煌《きら》めく星空に向かって真剣に祈りました……

「どうか父を助けてください！　どうしても病気が治らないのなら、天国に迎え上げてください。私の祈りが届くなら、私はどんな試練も受け止めます……!!」

――すると舅《しゅうと》は、半月後に亡くなってしまいました……

そこから会社を継いだ夫は、懸命に働いていましたが、素敵な友人たちにいつも囲まれて助けられ、ゴルフや飲み会などで忙しくなってしまうのです。家に帰る時間が次第に遅くなっていきました。

舅《しゅうと》が、亡くなって九十日くらいの朝に、私の夢枕にはっきりとその姿を見せ、泣きながら話すのです。

「ありがとう、麻耶さん……真剣に神さまに祈ってくれて――本当に助かったよ!!　自分の生きた中でたくさんの悔いることも、本当によくわかったんだよ。これからは家族や会社のことや、みんなの幸せを祈るからね……」

舅《しゅうと》と私は、ふたりして泣いていました。

それからの私は、〝祈り〟とはこれほど届くものだと強く確信したのです。

なぜこのような話をしているかというと、

「なぜ私たちは親を選び、環境を選び、この日本という国を選んで生まれてきたのか？」

それを知りたいと思っている、心ある人たちはもちろんそうでしょうが、私自身がこの度、「なぜこんなに辛い、子供時代の環境を選んで生まれてきたのか？」と長い間答えを探し学んできたのです。……すると気がつくのです。

「人間とはある意味でとっても素晴らしい。けれどある意味では、この社会はとても差別や偏見、嫉妬にあふれ、これほど醜くもなれるのか……!?」と感じることがあるのです。

根拠もない悪意ある中傷や噂《うわさ》で人生が変わってしまう気の毒な人たちの姿や、そのような出来事も忘れられずに、今でもはっきりと思い出されるのです。

ある日、親しい大好きな友人が、泣きながら私に相談に来ました。

「それほど親しくもない男性たちとお酒を飲んでから『送るよ!』と言われて車に乗ると、ふたりの男性に力尽《ず》くで犯された――」と泣くのです。

「警察に行くのも、家族やたくさんの人たちに知られるのも、嫌だ!」と言い、なぜなら「好きな人もいる……」と言うのです。

私も一緒に泣きましたが、どうしたら彼女のためになるのか、わかりませんでした。

今考えると、私も友人に応えられない思いで、とても悲しかった……

また、子供の友達のお母さんが、いつも顔や身体に痣《あざ》をつくっているのです。

その理由を聞けずにいたら、ある日、ふたりでお茶をしているときに話してくれました。

夫の暴力がすごいのだそうで、その度に子供が怯《おび》えて泣くので
「これからの子供の成長も心配している――」もちろん逃げ出すことも考えたけれど
「見つかったときが怖い！」また、生活面のことを考えると
「子供から離れることもできない……」とぽろぽろ涙を流すのでした。

もっと驚いた話を聞いたことがあります。

母親の再婚相手の義理の父が娘になった彼女にも手出しして犯すので、その彼女の話を聞いた私の友人が、許し難いと言っていたことがあります。

また、他にもたくさんの性犯罪絡みの酷い話も聞きました。

「性的なトラウマにより男性不信に陥るのはいうまでもなく、その鬼畜以下の行為ができる人間という存在そのものが、次第に許せなくなってくる……」と性的被害を受けた女性たちはいつも泣いているのです。

私は、なんにも助けてあげられない酷い話に、心を痛めました。

「あなたは大丈夫よ！　必ず、諦めずに幸せを信じると、素敵な奇跡が起きますからね」と伝えるのでした。


こんなに苦しむ人々がいるのに、神さまはお助けにならないのかしら……？

病気で苦しむ方々もたくさんいるし、この地球に生まれなければならない理由とは、一体なんなのかしら……？

――いつも空を見上げ、そして懸命に祈ってきたのです……

〝祈り〟に力があることは知っていても、個人の力で他の人々の運命を変えることまでは、できないのですね……!?

私は、夫にも家族にも恵まれたけれど……その後に、最も辛い運命が私の夫と家族に突然訪れるなんて、思いもしなかった!!

なぜなら、今から三年前に夫が、仕事中に突然――「心筋梗塞」で亡くなってしまったのです!!

当時、夫は五十二歳で私は四十歳、結花が中学三年生、希美が小学校五年生、健は小学校二年生でした。

私は、この突然の不幸に為す術もなく、何日も子供たちと泣き崩れました。

この後、子供たちとどうやって生きたらよいのかも、考えられませんでした。

私の運命が好転し救われたのは、本当に周りからも認められる大きな人格者である、夫との出会いによってなのです。

夫は健康面で不安なことがなく、ましてや予測できる病状の変化とかもないままに、まさか仕事中に突然「心筋梗塞」で亡くなるなんて、夢にも思いませんでした。

大好きな夫とゆっくり家族で旅行する計画を立てていたし、死の間際に残してもらう言葉もないままの、あまりにも突然の死だったのです……


夫は友人たちにも愛され、お姑《しゅうとめ》をとても大切にし、兄弟や仕事にも一生懸命でした。

周囲に愛されてきた夫の葬儀は、驚くほどの花輪が並んだのです。

私たち家族は、たくさんの人々に囲まれ、暖かい言葉で死を悼んでいただけました。


夫が亡くなった後、悲しむ姑《しゅうとめ》を慰めながら、さまざまな処理の大変なことが続きました。

私は膝を抱え、夫との数々の思い出に浸り、

「この先の生き甲斐《がい》は、どんなことなのか？」と、自分自身の魂に問いかけていたのです。

そんな辛い時には、私の妹がとても力になってくれたのです。

やがて私は「大切な子供たちを、夫の分までしっかりと育てなければ」と決意しました。

私が気を強く持って新たな生き方を探していた頃でした。

ある夜の夢に夫がはっきり現れました。

私にニコニコと話しかけるのです。

「愛する麻耶、苦労をかけてるね。一年くらいはいろいろあると思うけど、必ず護るから！後のことも、愛する子供たちのことも、しっかり頼むね――」と、夫が伝えてきたのです。

私は大きな声で「遼《りょう》さぁ〜ん」と、夫の名を叫んでいました……

――私はすぐに布団から起き上がり、夢の余韻に浸ったまま、ひとりで泣いていました……

麻耶は時折、不思議な忘れられない体験を思い出すのです

〝祈り〟に関わらないことでも、私には強烈で忘れられない出来事があります。

その一つは、職場でできた友人たちと広い大きな公園に行き、ピクニックを楽しんでいた時のことでした。

私はグループから外れて買い物をし、ちょうど戻ろうとしました。

その時に、スーっと現れた髭《ひげ》を長く生やした不思議な老人に「ちょっと話してもいいかな？」と、私は呼び止められました……

「やぁ、すまんね。君のエネルギーの大きさに、驚いているんだよ――」

そのお爺《じい》さんの凛《りん》とした声が響きました。

「…………」

（エネルギー……大きさ？）

私のほうは、ただ声も出せずに驚いています。

お爺《じい》さんの腕の先にある両の手が、舞いをするかのように自然に空に向かい広がります。

「ブルーの大きな外側のエネルギーは天まで届いているんだ！　こんな不思議な大きなオーラを持っている人は、一万人に一人くらいしかいないんだよ‼」

「…………」

（一万人に一人⁉）

私は、その意味もよく理解できないままです。

「君の人生にやがて驚くような……ことが……起きるからね――」

（――どういうこと……⁉）

「……そうですか。ありがとうございます」

やっと言えた言葉を後にして、気持ちにゆとりのない私は、そそくさとその場を離れたのでした……

その不思議な出会いと最後の言葉が、後になればなるほど妙に気になって、忘れることができません。

あのとき、仙人のようなお爺《じい》さんに言われた〝一万人に一人しかいない〟という、その不思議だらけのお話を、もっといろいろと引き出して聞いてみたかった――と、私は時折この出来事を思い出すのです。

私にはどうしても忘れることのできない、もう一つの出来事もあります。

それは、東京にいる友人を訪ねた時のことです。その友人が私を呼んだのは、

「どうしても麻耶に紹介したい男性がいるの。きっと麻耶とのご縁も深いと思うのよ」という理由からでした。

その日、新宿のホテルの二十四階に泊まり、

(私に紹介したい男性とは、どんな方なのだろうか……?)と考えながら、寝る前に深い瞑想《めいそう》に入りました……すると驚いたことに――

――もう止めようのないほどの悲しみが、身体中の細胞という細胞から溢《あふ》れ出てきて、私は声を出しながら泣き続けたのです……

（一体どうなったのだろう？　なぜこんなに悲しくて泣いているのだろう……？）
私のマインドはそう思いながらも、嗚咽《おえつ》が止まらないのです。
その一方で、私は不思議なことを感じていたのです。
（このホテルの上空に、ＵＦＯが出現している……⁉）

〝どんなに待っていても、来てくれなかった……⁉〟

心の中の水面《みなも》にポッカリと浮かび上がったその言葉が、突然、引き金になったのです……
潜在意識下にある――どれほど生まれ変わりながら地球の人たちと絡み合い、幾重にも積み重ねられてきた――私の激情が、炎のような雄叫びを上げる言葉となり、そのＵＦＯに向かって発せられたのです――

《――必ず迎えにくると約束したじゃない‼　地球上でどれほどたくさんの旅をして待っていたか……わからないのでしょう‼》

私はベッドカバーを握りしめ、涙と汗と声を限りに泣き続け、悲しみは止まらなかったのです……

私は不思議にも赤ん坊を抱いている――そんな感覚に次第に浸りながら、それは突然に、赤ん坊を抱きながら待っている私を迎えに来ると約束をしていた――その時のUFOに、その悲しみを訴えていたのだ、と気がついたのです。

なぜあんなにも驚くべき悲しみが噴き出ていたのか、それが何を意味しているのかは理解できませんでした。後にある超能力者の方に言われたのです。

「麻耶さんは天と地を震わせるほどの悲しい別れを記憶しているよね。それが潜在意識の深いところに秘められているよ」

〝走馬灯〟のような一連の映像を、麻耶は瞬時に見ていた――

――東京でのあの日の瞑想《めいそう》体験が、強烈に……蘇《よみがえ》ってきた……!!

〝うわぁー……あ……あ……あ…………!!〟

――その瞬間、麻耶はリクライニングシートから起き上がった……

麻耶は、ハッキリと目を覚まし大きな瞬きをして、涙の跡を手の甲で拭っていた……

麻耶のすぐ目の前には、金髪で見るからに日本人ではない、背も高くとても美しい姿の女性がいる！

窓越しに地上の明かりが見えている！　それも龍の形に似ている、日本列島と思われる煌《きら》めく街明かりが……!!


麻耶は、心の中で思わず問いかけた――

（何が起きたの？　ここはＵＦＯ――）

《――そうよ、UFOであなたを助け出したのよ！》

（えっ、テレパシー!?――）

音として聞こえてはいないのに、その女性の言葉が麻耶に伝わった――

《――落ち着いて！　マヤ》

（………!?）

「私は、あなたの姉の〝サーシャー〟なのよ！　愛しい妹の麻耶が、これほどまでに苦しみ嘆き思いつめて、死のうとまでするなんて……」

麻耶の目の前に迫っていたサーシャーが、流暢《りゅうちょう》な日本語を操っていた。「麻耶の愛する娘が、ボーイフレンドに呼ばれていった場所で、なんと数人がかりで無理矢理犯されてしまったのね。結花ちゃんが彼のことを信頼し愛していたのに！　だからこそ、生きていたくなくなったのよね!!」

「なぜ貴女《あなた》は、そのようなことがわかるのですか？　私が死のうとするのをなぜ止めたのですか？　なぜ私のことを妹と言ったのかも知りたい！」

麻耶の張り詰めていた思いが吐きだされた。「あっ、大変！　家には希美と健がふたりで私の帰りを待っているのです。早く帰らなければ……」

「それは大丈夫ですよ。安心できるあなたのお母さまの家にいるように、手配ができていますからね」

「えっ……⁉」

「それよりも、あなたが本当は誰であって、どこから来て、なぜ今この〝天空の宇宙船〟に乗っているのか、知りたくはないのですか？」

「知りたいです。もう生きていたくなくて、海に入ったことまでは覚えています……」

「この地球という星は残酷ですよね。麻耶はあえてそのような辛い運命を背負う環境に生み落とされたのですよ……。麻耶のこれまでの生きた証し――麻耶の思いとその記録――は、先ほどのＵＦＯの〝モニタリング〟でよくわかりましたよ。これから戻る天界で報告を待っているファミリーにも、麻耶の思いが届いていて、きっと驚くと思うわ」

「それは、どういうことですか？」

「あなたはかつて、宇宙の〝天空の城〟といわれる、素晴らしい〝虹の王国〟にいたのですよ。そこには、あなたを誰よりも愛し大切に思うファミリーがいるのです。けれどあなたは、そこをひとりでこっそり抜け出し大好きな恋人を探しに、この苦しみの星である地球・サラに降りてきたのですよ。もっと知りたいですか？」

「もちろん知りたいです……」


麻耶は、少し落ち着きを取り戻した。

気がつくと、硬く握りしめてきた結花の置き手紙を、ゆっくりと開いて読み返した……

そして、涙をポロポロ流しながら、サーシャーに訊《き》いた。

「これほどまでに苦しまなければならない地球に、なぜ私たちがいるのでしょうか？」

「わかりました。これから順を追ってお話ししますね……」

サーシャーは麻耶に向き合いました。「でも、その前に……天空の城にいるあなたのファミリーがとても心配しているので、あなたをお連れしたいのですが……それには今の重たい肉体を脱いでもらい、魂にとって軽いエネルギー体に衣替えする必要があります。その準備をしてもよろしいでしょうか……？」

　サーシャーの麻耶に送る眼差しは、とても柔らかく暖かいのです。

「……はぃ……」と、麻耶はうなずくしかなかった。

「あなたが肉体に戻れる時まで、私たちはこの宇宙船で安全にあなたの身体を管理します。天界は驚くばかりの想像を超えた世界ですよ。待っているファミリーが喜んで迎えてくれますからね」

　麻耶は、みるみる不安げな表情に変わった。

「待ってください！　置いていく希美と健のことが心配です……」

「心配はいりません。これから麻耶が体験することは、時間と空間を超越する驚くべき世界です。麻耶のふたりの子供は、心配して母親のことを探し回ることなく、地球時間で短時間のうちに麻耶と再会することができる手筈《てはず》になっていますからね」

「それは本当ですか⁉」

「本当です！　麻耶、安心してください」

「わかりました。それなら安心することにします」

　宇宙船の内部は暖かく心地よく、重い肉体から軽いエネルギー体に衣替えを済ませていた麻耶は、勧められた飲みものもいただいて、すっかり人心地がつき落ち着いていていました。

サーシャーの話では、ファミリーの一員としての麻耶には両親と兄がふたり、姉がふたりいて、麻耶は末っ子だそうです。麻耶を助けたサーシャーは麻耶のすぐ上の姉でした。

そうしてサーシャーから続けて聞いたお話は、とても言葉では表現できない、麻耶にはお伽《とぎ》話《ばなし》のような世界でした。

天空の城〝虹の王国〟とは、どんな世界なのでしょうか？

遥《はる》か彼方のある銀河系の奥深くに、天空の神々の世界と評される、とても美しい平和に包まれた惑星があるそうです。

その惑星では、愛と知性がとても優れていて、しかもクリエイティブな意識によってすべてが生み出され、すべてが愛に包まれているのだそうです。

それぞれが家族単位で平和に幸せに暮らしていて、さまざまな銀河の中でも最も美しく、〝虹の王国〟といわれる最高レベルの神界だそうです。

創造の法則や高度な宇宙の法則を守り穏やかな輝く叡智《えいち》を保っている、惑星系の星々の連携もあって、それは「銀河連合」と称されています。

天空のファミリーは、素晴らしい環境を創造しているのだそうです。

そこは地球のような重い物質の世界ではないので、その王国に住むそれぞれが、好む世界を天国としてつくりだし、まさに表現を超えた美しさになっているそうです。

その中でも威厳ある父は「天空の王様」と呼ばれ、銀河の法を治めている存在とのことです。


さて、麻耶を地球から無事に救出することができて、サーシャーの宇宙船は、一路目指した「虹の王国の惑星」に到着しました。

柔らかく澄みわたる空の上で宇宙船底部の扉がスーっと開口すると、サーシャーと麻耶のふたりの背中からは、音もなく忽然《こつぜん》と大きな羽が現れたのです。

最初にサーシャー、次に麻耶が、鳥のように羽ばたきながら宇宙船から舞い降りてお伽話《とぎはなし》のような――まばゆい銀色に輝く宝石のようにキラキラした――城に入って行きました。

「さぁ、麻耶。これから待ち望んでいるファミリーを呼びますよ！」

すると遠く離れたところから急遽《きゅうきょ》駆けつけた兄姉や、待っていた両親たちが揃《そろ》いました。

「無事だったのね！　どんなに心配していたのか、わかりますか？　愛しい娘の麻耶……」

麻耶はこれまで感じたことのない、まるで天女のような美しい母の大きな喜びと愛に包まれました。

「なぜこの王国を離れたのですか？　地球はとても酷い星だと聞きましたよ」

「お母さま、会いたかったです。いつも麻耶の夢に出てくださっていた優しいお姿の方は、お母さまだったのですね」

ふたりは泣きながら夢中で抱き合いました。

「嬉しいです。私にこれほど素敵な天空の家族《ファミリー》がいるなんて、信じられなかったです。地球ではたくさんの苦しい辛い体験がありましたから、今とても幸せです」

「元気だったのね！　よかったわ。ひとりでこっそり地球に行ってしまったあなたを思い、ファミリーが心配して、あなたをどんなに探し続けたことか……」

「お兄さま、お姉さま、心配かけてごめんなさい」

ファミリーは、温かい愛で感動しながら、次々と抱きしめてくれるのです。

麻耶も驚きながら、喜びと感動とで魂から震えてしまいます。

一番上の兄・リチャードは、少し照れながらも黙って抱きしめてくれました。

その瞬間、なぜかとても懐かしい感覚がするのです。きっと地球のどこかで会ったことのある感覚に包まれたのです。


一番上の姉・ソフィーは「辛かったわね、地球では……」と抱きしめてくださいました。

「これから麻耶の驚く真実が、次々に明らかにされるわよ」

そして、麻耶のすぐ上の兄・レナードは、今は来られないと知らされました。

(お仕事なのでしょうか?)


「お父さまからぜひ、ゆっくりとこれまでの経緯《いきさつ》をお聞きし、これからあなたが選ぶ生き方のご相談をしたらいいわね」と、サーシャーがニコニコしながら話します。

「はい、わかりました」と、麻耶は言いながら問いかけます。「これほど愛されて素晴らしいファミリーがいたのに、なぜ私は酷いことがたくさん起きている地球に行ったのかが知りたいです」


とても大きな太陽のような光のオーラに包まれた父が、ニコニコしながら近づき、抱きしめようとしてくださいます。麻耶は、感動で泣きながら父の胸に飛び込んで言いました。

「お父さまに心配をかけて、親不孝な娘でごめんなさい」

「今日はこの天空の城で悲しみを癒し、ゆっくり休んでから、また大切な話し合いをしたらいいね」と、父は優しく言いました。


ファミリーの和やかな歓談は続いていましたが、しばらくしてサーシャーが準備した飲みものを持って来てくださり「とても楽になるからお飲みなさい」と手渡してくれました。

「お姉さま、フルーティーな香りと、ほどよい甘さで美味しいわ」

それをゆっくり飲み干すと、麻耶はまるで羽を軽やかに広げて今すぐにでも飛んで行けそうな、不思議な癒された感覚になりました。いつしか麻耶は、ゆったりと静かにまどろみ、魂の芯から休むことができたのです……


どのくらい休んだのでしょうか……

姉のサーシャーが迎えに来ました。

サーシャーの笑顔はとても輝いています。

「さぁ、虹の王国をご案内しましょうね」

サーシャーが麻耶の手を取ると、ふたりは大きな羽を広げて飛び立ちました。

目の前にあるのは驚くべきことに、天空を貫くような高い城の塔なのです。すべてを見通せるほどに大きく、また広い城壁に囲まれた、見事な塔が聳《そび》え立っています。

また、まるで太陽を囲む星々のように、天空の王様の都を取り囲むように、それぞれの小さな都が取り巻いています。

麻耶の想像を絶するその驚きの都には、いくつもの川や滝から尽きることのない清い水が、水晶のような輝く水飛沫《みずしぶき》を飛ばしながら広い海のような場所に流れ込み、いくつもの虹色のハーモニーを奏でているのです。

中庭には美しい花々が咲き誇り、見たこともない美しいたくさんの鳥が囀《さえず》っています。

麻耶が地球では見たことのない、たくさんの愛らしさを感じさせる動物たちも遊んでいます。


サーシャーはいろいろなことを教えてくれました。

「父は素晴らしいクリエイティブな意識で、大きな天空の都と美しい城をつくっているわね。父だけではなく家族全員が、それぞれの自由なイメージや素敵な個性を生かし合い、それぞれが住まいをつくっているのよ。でも、天空の城を持つ父の力にはまだ誰も敵わず、真似もできないほどなのよ」

「ねえ、お姉さま。さまざまな美しいエネルギーが見えます。この虹の王国からも、この都を取り巻いているそれぞれの小さな都からも、虹色の回転をしながら交差して都と都を繋《つな》いでいるように見えます。あれは何ですか？」

「それは『プラーナ』という、すべての個体から出ているホログラムなエネルギーのことね。麻耶にもやがて、もっと学ぶべき時が来るわよ」

「その時まで楽しみにしていますね」

麻耶はワクワクしていました。

そこは、地球のような硬さや重さを感じる世界ではないのです。

すべてが銀色や金色のベールが掛かったかのような世界なのです。

絶えず暖かく穏やかで、紺碧《こんぺき》の青空と輝く海にはいくつもの虹があり、まさに虹の王国と呼ばれるにふさわしい、豊かで柔らかな世界なのです。

「ここには一切の争いがなく、殺し合いや死は存在しませんよ。心身が病むこともなく、物質レベルの肉体を必要とするときには、ヒューマノイド的に表現できるのです。それもその人個人が好きな姿をつくっているのですよ」

麻耶は驚きながらも、何よりもすべてが創造の源に繋《つな》がり、永遠という奥深い叡智《えいち》の世界であること、そしてそれに繋《つな》がる力というのは、まさに個人の意識が最も力を持つ世界なのだと、あらためて知ることができました。

だからこそ、何を思いとして選択するのかで現れる世界が違うことを知り、自分がいる地球とはなんて違うのかと驚くのです。

麻耶が今目にしているこの世界は、すべてが愛を中心とした、自他を想う世界なのだと気づきます。

サーシャーは、髪が長くてとても美しいのです。

特に、笑うと愛らしい天使のようです。

年齢を聞くのを、なぜか麻耶は躊躇《ためら》いました。

すると彼女は、何も言わずにただ笑っています。

思いは伝わるのだと、気がつくのでした。

「お父さまが待っていますよ。麻耶を驚かせると思うわ。さぁ、あの塔の中に入りましょうね。お父さまは今日という日を、首を長くして心待ちになさっていましたよ」

ふたりが大きな神殿の中に入ると、長い廊下の両脇には大理石のような円柱が並んでいて、その先の眩《まぶ》しい輝きを放っている黄金の扉が開きました。

するとそ丸い神殿の奥には、父にそっと肩を抱かれている、亡くなったはずの結花がいるのです。


「えっ……!? 結花ちゃん、ここにいたのね！」

互いに走り寄り、抱き合いながら泣いていました。

「お母さん……辛い思いをさせて、ごめんなさい」

「お父さまが連れてきてくださったのね！」

麻耶は嬉しい気持ちで胸が一杯になり、愛おしい結花との再会を喜びました。


「お父さま、ありがとうございます。本当に嬉しいです!!」

「結花の魂は純粋でとても可愛い天使のようだね！　今回の地球での出来事の痛みが取れたら、結花はファミリーとしてここで暮らせるから、心配しなくてもいいからね」と、父の穏やかな声が響きます。

「えっ！　本当に……」麻耶の涙の表情が笑顔で綻《ほころ》びます。


「麻耶にはこれから、私やファミリーとの大切な相談や選択すべきことがあるんだよ。麻耶の運命は麻耶自身が決めているものだからね」

麻耶は父の言葉にうなずき、結花を抱きしめながら耳元でそっと伝えます。

「会えてよかった。どんなに結花を愛しているか、結花を失って本当に気がついたわ……だから安心しました」

「お母さん……」結花の目に再び涙が溢《あふ》れました。


麻耶は父の方に向き合って言いました。

「お父さまの話をお聞きします！」

すると父はサーシャーに言いました。

「結花を連れて遊びに行くといいね」

「はい、お父さま。結花と思いきり楽しんできますね」

サーシャーは結花の手を繋《つな》ぎます。


「お母さん大好き……会えて嬉しかった。また会えるよね？」

結花の笑顔とその声も弾けていたので、麻耶はしっかりした声音で応えました。

「はい、必ずまた会えるからね！　サーシャーお姉さま、お願いします！」

結花は嬉しそうに、サーシャーの手を再び取りました。

「行ってきます！」

「ほら、結花のあの喜びようは、銀色に輝く大きな羽ばたきにも表れているだろう」

父は楽しそうに笑うのです。

「はい、お父さま、ありがとうございました。結花に会えてとても嬉しく安心いたしました。大切な話をお伺いしますね」

父は麻耶を引き寄せ、麻耶の頭の右側に手を置きました。すると、何かがスーっと抜ける感じがするのです。

「麻耶からこの『インプラント』を取り出したからね」と、父は掌《てのひら》を広げました。

麻耶が確認する間もないまま、それは父の掌《てのひら》から手品のように消えていきました。

「えっ、びっくりです⁉」

「これで私の話すことがよく理解できるようになるからね。

地球を支配している宇宙の種族が、このインプラントをすべての人間の頭に生まれる前に埋めこんで、自分の意思で働かないロボットのようにしていたんだよ。だから地球の人々は、〝神と自己との分離〟状態に陥り真実が理解できなくなって、自分の故郷の星に帰ることができないんだ！」

「お父さまにはたくさん伺いたいことがあるのです。ありがとうございます」

麻耶はあらためて父の顔を見ると、父の後ろには太陽のような大きな眩《まばゆ》い光の輪があるのです。まるでどこかで見たことのある仙人のようにも見えました。

「先に、麻耶に確かめたいことがあるからね。聞いてもいいかな？　もちろんその理由については私は知ってはいるが、麻耶の口から直接聞きたいね」

「はい。私が、なぜひとりでこっそり〝タイムワープ〟をしてまで地球を目指して行ったのか、お聞きしているのですよね⁉」

なぜひとりで〝タイムワープ〟をしてまで、麻耶は地球を目指したのでしょうか？

「二万六千年前に、銀河連合の士官パイロットとエンジニアたちが、遠征軍として地球の調査に出たことがありました。そのとき、現在のパキスタンとアフガニスタンの国境近くにあるヒマラヤ山脈に基地を建設しました。山の内側からエネルギースクリーンを張り、基地の入り口が守られる方法で、人間の世界からは発見することができない基地なのです。三千人が地球上である調査をしようとしていたのです。

ところが、彼らがそこに落ちついた直後、すでに地球を支配していた爬虫類《はちゅうるい》型宇宙人のレプティリアンたちに、火星の基地から恐ろしい軍事的な攻撃を受けて、基地は全滅させられたのです。とても残酷なことに遠征軍の大多数が殺され捕らえられて、生き残った士官たちも少数いたのです。

お父さまもご存知のように、その士官の中に私の大好きな恋人・ユリウスがいたのです！」

「うーん……そうだね。麻耶、辛かったね」

「ユリウスの帰りを待っていた私はそのことを知り、その事件について調べ、苛酷な現実を知ってしまったのです。

『なんていうこと……!?　ユリウスは囚われて〝人間界〟に落とされてしまった……!!』

——そんな嘆きとともに、私はもう哀しくて、生きることに関心を失い、何をする気力も一気に失ってしまいました。それでも無気力の中にあっても、なんとしてでも地球でユリウスを探し出そうと決心したのです。もちろん私は、お父さまやファミリーが猛反対することはわかっていました」

「そうだよね。地球はこの銀河でも最も危険な、三次元世界の実験領域《エリア》なので、反対するよね……」

「それでも私は、すべての魂は決して失われることのない根源・創造の世界から来た〝神聖なスピリット〟であり、生命の永遠性があることを知っているので、彼を探しに地球に行こうと決心したのです。時間をかけて地球に入る方法をひとりで学びました。そして、ユリウスを探し出せると思ったのです。けれども、残念ながら想定できないことがありました。私が地球に生まれる前には、理解が及ばなかったのです。それは何かというと、〝地球には驚くような恐ろしい罠《わな》が仕掛けられている〟のです」

「麻耶、どんな罠《わな》が仕掛けられていたんだい？」

「それは最強、最悪のマインドコントロールである〝洗脳システム〟でした。捕まった遠征軍の人員は、地球で行われる特殊な『霊界』というシステムに組み込まれたのです。そして短い寿命を終えると、死後の世界の驚くような仕組みである、電磁波による強制的な『洗脳療法』が行なわれるのです。自分がそれまで生きて培《つちか》ってきたすべての記憶・知識・能力――〝自分が誰であったのか？〟〝どこから来たのか？〟――が奪われて、真の自己の個性が失なわれるのです。それにお父さまが外してくれた、インプラントの効果もプラスされていたのですね……」

「そうだね。自己の同一性をリセットされ、魂本来の主体性を見失ったまま激流に流された木の葉のようになって、輪廻《りんね》の波に翻弄されてしまうんだね」

「そうなんです、お父さま。洗脳で『カルマ』などという『罪の意識』も持たされて、何度も輪廻《りんね》しなければならないのです。支配者たちは支配を邪魔されたくないがために、宇宙の高度な叡智《えいち》と記憶を持って地球に来た魂には、特に怖い洗脳を施すのです」

「『原罪』とか『カルマ』とか、巧妙な宗教的な洗脳になるよね……」

「はい、お父さま。……私は後に知ったのですが、宇宙から奉仕のために地球に来たたくさんの勇者・ライトワーカー（光の仕事人）やスターシード（地球の次元上昇サポーター）たちは、――故郷の星も、地球での目的も、命を懸《か》けた時代も、仲間たちとの大切な絆《きずな》で出会えた霊界での心の繋《つな》がりさえも――生まれる前にその記憶の何もかもが消され、苛酷な運命を選択させられ、とてもひどい親や辛い環境を選んで生まれさせられるそうです。

けれど、次第に環境に慣れてくると……この地球にも素晴らしい美しい大自然があって、地球の両親がいて、可愛い子供や動物もいて、好きな食べ物に感謝と喜びを感じていくようになるのです……」

「わが娘、麻耶……」父の目に涙が光ります。「さぁ、続けて……話を聞いているからね」

「はい……私も地球に来てから、死後の世界を支配している怖い存在がいることに気づき、驚きました。哀しくもそんな怖い力に打ち勝つこともできずに、きっと何度も生まれ変わっては懸命にユリウスに会いたくて探しても探しても、ユリウスに巡り会うことができなかったのです。地球で生まれてはまた死んで、私がお父さまの虹の王国の世界から来た魂だと知るときっと、さらに記憶をすごい電磁波で何度も何度も消されてきていると思います。だから、この幸せな王国に帰る方法もわからないままだったのです！」

「うん、うん、そうだったんだね……」

「お父さまに洗脳のインプラントを抜いていただいてから、とても鮮やかにたくさんのことが思い出されてきています。とても嬉しいです」

「そうかい、そうかい。うん、それはよかったよ」

麻耶は流れる涙を拭っていましたが、さらにそこから驚くような話が父から聞かされることになるのです。

「麻耶、地球にいる娘の希美や、息子の健のことはなんの心配もいらないよ。なぜなら、麻耶の兄・レナードが、ある地球人の身体を譲り受け〝ウォークイン〟していて、今ふたりを大切に守っているし、お母さんの留守のことについては安心させているからね」

「えっ、だからレナード兄さんにはお会いできなかったのですね！」

「麻耶は、どうしてもまだ地球に帰りたいと思っているのかい？　麻耶がこの王国で暮らしたいのなら、今地球に残されているふたりの子供をここに連れて来ることは、レナードならできるよ。選択するのは麻耶だから、よく考えてほしいね。その前に、もっと地球という惑星について学ぼうとは思わないかい？」

「もちろんです、お父さま。たくさんの知りたいことがありました。ぜひ伺いたいです」

「麻耶がユリウスの帰ってこないことを知って気力をなくしていた頃から、王国ファミリー全員が地球に降りようとしていた麻耶の無謀さを案じながらも、そのことを知っていたんだよ。麻耶の母も兄姉たちも麻耶をすぐに止めさせようと言ったけれど、王である私がそれに待ったをかけたんだよ。

なぜなら、この天空の城には必ず戻れることを知っているし、麻耶の愛の深さがとても美しくて、冒険させてもいいかと判断したんだ。麻耶の自由意志が大切だから、命に関わること以外は麻耶の選択したことに関わらないでいようと話し合ったんだ。また実際には、麻耶が地球上のいつの時代、どこの場所、どんな出来事の渦中にあっても、必ずファミリーの誰かが見守ることにしたんだよ。だから麻耶は、子供時代の緊急な時にも、この王国に来てるんだよ」

「そうだったんですね。お父さまもファミリーも、ありがとうございます。感謝します」

驚くほど戦いに強い麻耶の「男性の生まれ変わり」を明かされる

「麻耶が死のうとした時に、私がライオンの姿で伝えたことを覚えているかい……？」

「はい、お父さま。インプラント除去により鮮やかに思い出されました。〝マヤ〟として魂に響き渡るお父さまの力強いメッセージに、表現できない喜びと勇気をいただきました」

「麻耶がどうしても愛するユリウスを探すにはきっと最適だと思い、ニビル星からきていたアヌンナキ——シュメール文明を築いた宇宙種族に生まれる経験もしていたんだ。麻耶は驚くほど戦いに強い男性の生まれ変わりもたくさんしてきたんだよ。それのいくつかを知りたいかい？」

「えぇー、そうなんですか？　ぜひ知りたいです」

「なぜなら、ムー・レムリアで祭祀《さいし》王をしていた頃、愛に包まれていた大切な民族がやがてとても受け入れ難い酷い殺され方をしていくことに、麻耶は怒りを抱えて許せなかったんだ！　そんな地球がどうしたら救われて〝次元上昇《アセンション》〟ができるのかを、何度も生まれ変わっては考え続けたんだよ。だからメッセージで伝えたよね——国を動かし、民族を守らんとして、死をも恐れずに戦ってきた〝マヤ〟は、魂が虹の王国から来ているから、いつでも男性で生まれては命懸《が》けで、一族の先端で戦いができたんだよ」

「〝マヤ〟は驚くほど戦いに強い、男性の生まれ変わりだったんですね！」

「麻耶は、地球の四方に創造されてきた優れた宇宙種族がつくったピラミッドが、後の地球人たちが思うような墓ではないことを見抜いていたよね。その上、ピラミッドは永遠の生命に繋《つな》がっていくことができるシステムを備えていることも理解していたよね。だからこそ麻耶は、ピラミッドのシステムを管理している叡智《えいち》を持った神官とも出会ってきたんだよ。今の麻耶には当然記憶にはないだろうがね。その頃のことを知りたいかい？」

「お父さま、本当に知りたいです。だから私は結婚する前に、どうしてもエジプトに行きたくて、お仕事の休暇をとって、ピラミッドやエジプトをとてもスピリチュアルに理解している作家の方が組んだツアーで、エジプトに行ったのです。エジプトの神殿の前に立って、とても不思議なインパクトを受けて鳥肌が立ち、震えが止まりませんでした」

「麻耶はエジプトで何度も生まれ変わってきたからね。ファラオや、女王なども体験してるんだよ。そこで出会った相手とは、戦いをともにした魂の勇者たちもいて、また出会いの中では愛し合っていたが、執着したまま引き裂かれた記憶もあるんだよ。そんな縁と絆《きずな》を深くした出会いなどは、またさまざまな地球のドラマで再会もしてきてるんだよ……」

「エジプトで巡り会えたご縁は、私の魂に響くとっても深い絆《きずな》を感じていますね」

「紀元前三十世紀頃、上エジプトに最初の王朝を築いたとされるスコーピオン・キングの息子であるナルメル王（メネス王）がエジプト全土を統一するのに力を貸したとされる、その時の『将軍』として生まれたことがあって、エジプト統一を目前にしていたのに、その知能の高さや戦闘能力に対して恐れを抱いたナルメル王によって毒殺されてしまったんだよ……」

「まぁ、そんなすごい体験をエジプトで私がしていたんですか？　びっくりしています」

「そして紀元前十五世紀頃には、エジプトの女王『ハトシェプスト』も体験したんだ。夫のトトメス二世の亡き後は、義理の息子（夫のトトメス二世と妻イシスの息子）であるトトメス三世をハトシェプストが育てたんだ。ハトシェプストの死後、トトメス三世はエジプト唯一のファラオになり史上最大の帝国を築いたんだ。それが今、麻耶のそばにいる健なんだよ」

「えっ、お父さま、本当なんですか？　健の魂はいつかその記憶を取り戻せるのですか？」

「それは当然のことだよ。なぜなら、これからリチャードが麻耶に知らせてくれる『アカシックレコード』があるからね。かつての歴史をドラマのように映像で見ることができるんだよ。また、健が望むならいつでも話してあげることはできるよ」

「すごい世界なんですね。過去はどんなことでも確認できるのですね。ただ、麻耶が知りたい今世の使命や望みなどの未来は、これからつくり出すということなんですね？」

「そのとおりだよ。……麻耶はインカ帝国でも中国でも何度も生まれ、一族を守るために命懸《が》けで戦い続けてきたんだよ」

「エジプト以外にもインカ、中国ですか……!?」

「中でも紀元前五世紀頃、中国で『孫武《そんぶ》』として生まれた時代には、虹の王国のファミリーも麻耶のそばで常に関わりながらいたからね。麻耶が『孫武《そんぶ》』として中国で活躍した話が、虹の王国のファミリーの中でもっぱら話題になっていたんだよ」

「孫武《そんぶ》、ですか!?」

「なぜなら、孫武《そんぶ》の『戦わずして勝つ』という戦略や、戦闘の防勢作戦、短期での決戦、またスパイの使い方を最も重要視していた思想は、今も昔も軍事を研究する者や戦いの指導者たちに偉大なる影響を与えているからね」

「お父さま、信じられません。きっとその時代によほど強い意思を持って、力と知恵を貸してくれていたファミリーが私のそばに絶えずいてくれたのではないでしょうか？」

「おぉー、麻耶すごいよ。よくそこまでわかったね。その時代に麻耶の魂と一緒にいたのは一番上の姉・ソフィーだったんだよ。麻耶は絶えずソフィーと次元間の周波数を違《たが》えた空間で語り合い、大切な決め事をしてきたんだよ。そんな勇猛な男社会でも、地球で時代を変えるために、縁深い絆《きずな》の有志の者たちと命を懸《か》けて戦ってきたんだよ」

「ソフィーお姉さまは、影の名参謀だったのですね！」

女性としての生まれ変わりを思い出す必要があると、お父さまは言います

「けれど、麻耶。そんな命懸《が》けの戦いの記憶よりも、この度、麻耶が思い出しこの後の時代に

どうしても生かしていかなければならない、最も重要な平和を取り戻すための女性としての生まれ変わりを、思い出す必要があるんだよ。これからそんな大切な話に入るからね」

「はい、お父さま……」

「先に知らせた時代よりも遥《はる》か昔の生まれ変わりの話なんだよ。麻耶が誰よりも会いたいユリウスに会うために、最も大切な使命をリチャードとともに果たしたんだよ」

「リチャードお兄さまと一緒に、女性としての使命を果たしたんですね……!?」

「そうだよ。……麻耶が地球で初めて生まれた時代を覚えているかい？」

「えぇー、覚えてなどいないのですが、お父さまは知っているのですか？」

「知っているから、順を追って説明するね。……かつての古き地球には、プレアデス星からの移住者が素晴らしい高度な文明をつくり、とても平和な暮らしをしていたんだよ。麻耶にはこの表現がわかりやすいと思うから言うが、まさに地球で知られている映画『スター・ウォーズ』

のような争い合いが銀河間で起きてしまったんだ」

「スターウォーズの世界ですか……」

「やがて銀河間の争いがより激しくなっていったんだ。プレアデス星人たちは、地球で楽園的な暮らしをしていて、他の惑星人が羨《うらや》むようなとても素晴らしいテクノロジーを持っていたんだが、その高度なテクノロジーの秘密を地球のどこかに隠し地球を去って行ったんだ。それは今から六〇万年も以前の話だがね。その楽園をつくるシステムを狙《ねら》い、やがてさまざまな銀河から地球を訪れた外宇宙の種族たちがいたが、その高度なテクノロジーは今もまだ発見されていないからね」

「まぁ……高度で素晴らしいテクノロジーが、地球に隠されているんですね⁉」

「今でもシュメール神話には、プレアデスからの女神信仰が崇められてきたという言い伝えがあるよね。女神ナンムは天地を治めすべての神々を生み出したけれど、やがて外宇宙からやって来た男性神・マルドゥクに、女神たちが惨殺されたといわれているんだよ。その頃、科学的なテクノロジーに強い宇宙種族が、アトランティス文明を発展させているんだ」

「アトランティス文明ですか……!?」

「麻耶がとても辛い体験をしながら現在の日本で生きているのには、とても大切な理由があるんだよ。これから話をする古代の神々がやがて新たな時代を立て直すために、ムー・レムリアの女神たちの時代を日本を中心に再興させることになるからね。
だから、麻耶には思い出してほしいんだよ。この時代のことは、世界中に告《つ》げ知らせなければならないくらいに、天界と地球を結び繋《つな》ぐためにとっても大切な時代だったんだよ。
麻耶はムー・レムリアの時代の話を聞いたことがあるのかな？」

「ムー・レムリアは本で読んだことがあります」

麻耶は、地球で初めて生まれた時代のことを明かされる

「もう七万年以上も前になるね。その頃『パン大陸』という大きな大陸が今の太平洋にあったんだ」

「パン大陸？　初めて聞きました」

「かつてのムー・レムリアと呼ばれた場所はその太平洋の中心にあり、現在のアメリカがそのままスッポリ入るほどの大きな大陸だったんだ。そのムー・レムリア大陸を指導していたのは、プレアデスやアンドロメダ、シリウスなどの銀河連合からの遺伝子を受け継《つ》いだ優れた種族で、地球を救済できるテクノロジーを持っていたんだよ」

「隠されている地球救済のテクノロジーですね……!?」

「そのかつての古き時代では、政治を司る『統治王』と、祭祀《さいし》を司る『祭祀王《さいしおう》』が必ずふたり一組で、国を平和に統治していたんだよ。祭祀《さいし》王というのは、人々の命が永遠性を持っているということを知っていたのだからね。天と地の創造主、神界・天界と絶えず繋《つな》がり交流し合い必要な啓示を受け取る、一番偉い役職だったからね。またその頃の民はみな死を恐れてはいなかったんだ。なぜなら、見えざる世界とも必要な交流ができていたからね」

「啓示を受け取る、祭祀《さいし》王……」

「イザナギとイザナミには十六の皇子・皇女がいて、この中に太陽の神官・天照大神《あまてらすおおみかみ》、月の神官・月読命《つくよみのみこと》、海の神官・須佐之男命《すさのおのみこと》が率《ひき》いる、それぞれの氏族がいたんだよ。イザナギとイザナミは十六方位の世界中にその氏族を派遣し、言語や文化を広げ伝えていったんだ。天孫族《てんそんぞく》として地球に降り立ち、世界を『天《あま》の浮船《うきふね》』つまり今のＵＦＯで世界を巡って世界の各地を治めていたことが、歴史からものの見事に消されているんだなぁ……。

この日本を起点とした広がり、世界中に拡散されたシンボルで表したものが十六菊花紋、すなわち太陽紋なんだよ」

「十六菊花紋のシンボルの意味が、今、はっきりわかりました」

「けれども、受け継《つ》がれてきた血統のその神の名前は常に世襲制で、役職名が受け継がれていったのだよ。それが後のアマテラス・スサノオ・市杵島姫《いちきしまひめ》・瀬織津姫《せおりつひめ》などとして知られてきたんだ」

「神のお名前が、たんなる役職名になっていったのですね」

「また、その時代は神々が最も人類を愛し、天界からの正しい啓示を女神の祭祀王《さいし》に伝え、争いごともなく、平和な都に住む民衆はとても和やかで、男女がともに愛し合っていたんだよ。その時代は女性がハートの力で、愛する相手を主体的に選んでいたからね」

「素敵な時代ですね。女性が好きな相手を選べたのですね」

「そうなんだ。その時代はやがて『縄文時代』といわれるけれど、実は一万二千年以上も続いていたんだよ。そんな人々が豊かに繁栄できた時代に、ムー・レムリアといわれた場所に、地球で初めて麻耶は生まれたんだよ。麻耶はその時代、女神の祭祀王《さいし》だったんだよ。そのときの政治を統治したのが、長男のリチャードなんだ」

「えぇー、私が祭祀王《さいし》で、リチャードお兄さまが統治王だったのですか……!?」

「大切な私の娘がどこにいるのか、必ず兄妹たちに麻耶のそばにいるようにと話し合っていたから、わかるんだよね。今の麻耶にはその頃の記憶はないのだろうね？　また麻耶が女性として二度目に生まれたときには、世界がまたガラリと変わっているんだよ」

「女性として生まれたときには、ユリウスに会えたのでしょうか？」

「やがてユリウスに麻耶は会えるのだけれど、時代が大きく変化してからなんだよ」

「そうなんですね……早く知りたいです」

「さて、世界がまたガラリと変わるのは……

アトランティスにやって来たある宇宙種族が科学的には最も優れていたんだ。そして、ムー・レムリアの文化的繁栄に劣等感を持ち、それをよしとせず、この地球を支配しようとして戦争を仕掛けてくるようになったんだ。その挙げ句の果てに、核の誤った使い方で約二万四千年前に地球が大洪水になり、すべての文明や生命が見事に破壊されてしまうんだよ」

「お父さまの話を聞いていると、私も時代の流れはなんとなく理解できても、自分の生き方や運命的な物語が理解できないのですが、そこからもっと大切なお話を早く聞かせてほしいのです」

「わかったよ。これからが麻耶が知るべき大切な話になるね……

そこから時代が少し進んでからだけど、大洪水が治まり、龍の姿に似た今の日本ができたんだ。天照大神《あまてらすおおみかみ》が日本を治めていた時代に卑弥呼《ひみこ》や宗像三女神《むなかたさんじょしん》とされる素晴らしい神々の使いは巫女《みこ》として存在し、スセリビメ・神大市比売《かむおおいちひめ》・下照姫《したてるひめ》などの女神たちだったんだ。今ではものの見事に封印されているからね。宇宙の創造の真理を知られたくない宇宙種族が地球に来てから、この日本の宇宙的叡智《えいち》の財産であった女神たちの働きを徹底的に封印したんだね。麻耶は、地球の秘宝を守り引き継ぐ祭祀《さいし》王——その血を継《つ》ぐ下照姫《したてるひめ》をルーツとした家系に生まれたんだよ。やがてユリウスと出会うために、平安時代に女性としての運命を生きたんだ。そこからの時代が大変だったんだ……。ただ麻耶は地球で男性の生まれ変わりもたくさんあるんだが、それよりも女性として恋しいユリウスとの出会いが知りたいよね？」

「お父さまぜひ知りたいです。教えてください」

「それではここからの話は、リチャードから聞いたほうがいいね。なぜなら、麻耶の心配をともにして私たちと相談の結果、麻耶のそばにぴったりいたのがリチャードだからね」

「えぇー、だからお兄さまが私を抱きしめてくださったときに、なぜか懐かしくどこかで知っているると感じたのですね」

父が麻耶を抱きしめると、一番上の兄・リチャードが麻耶のそばに来てくれました。

「リチャードお兄さま、お願いです。私が地球でどんな体験をしてきたのかを知りたいです。そうでなければ、地球という惑星も人間たちも、いいえ、この地球にいる私自身も許せないのです。大切な娘の結花まで自殺に追い込むという、本当に酷いことが日常に起きる地球に、なぜ、どんな理由でいるのか？　お兄さまが知っているのなら、ぜひ教えてください！」

「わかったよ、麻耶。これから順を追ってきちんと話すから、落ち着いてしっかり聞いてほしい。愛しい麻耶をこれほど苦しめていることを知っていて、なぜ父が止めなかったのかを、麻耶はこれから思い出す必要があるからね。麻耶が地球に行ったことを知った母が、いつまでも悲しんでいたんだよ。だから、麻耶の生まれ変わりの運命には、必ずファミリーのうちの誰かがそばにいて、見守り助けてきたんだよ」

気がつくと、麻耶の目の前から父の姿が忽然《こつぜん》と消えていました。神殿の扉から出たのではなく、スーっと消えていたのです。

リチャードの語る〝失われた叡智〟の話に麻耶は聞き入るのです

「僕がこれから話すことにきっと驚くだろう。確認が必要なときのために、麻耶に知っておいてほしいことがあるんだ。人間でいうなら、身体の周りに『オーラ』があるよね。それと同じように、すべての物質にもオーラがあるんだ。地球という惑星にもあって、銀河のそれぞれの惑星にも必ずそれを取り巻いているオーラがあるんだよ。それらをことごとく繋《つな》いだインターネットの世界のように『アカシックレコード』といって、これまでの宇宙誕生以来のすべての情報や現象、出来事が記録されているんだよ」

「宇宙全体の記録——アカシックレコード……!?」

「すべての意識を内包しているエネルギー層、情報の集合体であって、それは見事な次元の記録なんだよ。そこには、単細胞から何十億の生命体まで、また個人の個性、一つの国、一つの家族、それぞれの地域コミュニティー、そこから集合する集団の意識が見事に繋《つな》がって、すべての情報があるんだ。

宗教・学問・科学・医学・平和・戦争などが、いつどのように起きたのかがわかるんだよ。まるで映画を観るように、アカシックレコードとは視覚化できるんだ。過去のどんなドラマもすべて観察できるんだよ。現在から見ると未来を予測することも可能なんだよ。だからこそ、そこには嘘《うそ》がないし、どんなことが知りたいかなんだ……」

「なぜ今そんなお話をするのですか？　私が知りたいことをお話ししてください。お兄さまのお話が理解できません」

「わかっているよ。

なぜこんな話をするかというと、麻耶は地球という惑星を救済するほどの、驚くべき生まれ変わりを何度も繰り返して来たことが、私の話からだけでは信じ難いだろうと思ったんだ。どこかで麻耶の生まれ変わりについて確信を得たいときには、お父さんに頼むといい。このアカシックなエネルギーは地球の脳にある記憶ともいえるから、知りたい時代と麻耶が生きた時代のドラマが見られることを、伝えたかったんだよ」

「そうなんですか⁉　びっくりしますね。地球の人類に、そのような宇宙の仕組みなど知っている人はいないと思います。人々はやがて、必要な科学的知識として理解できるのでしょうか？」

「今はそこまで理解できなくてもいいから、麻耶がどの時代にその強い意志を持って活躍したかを話し合おうね。麻耶が一番会いたかったユリウスには、もうすでに巡り会っていたことが、これからの話の中でわかるのだからね」

「えっ、本当ですか？　早く教えてください。ドキドキしてきました。あらためてお兄さまの声を聞いていると、やはり懐かしくてとても嬉しくなってくるのです」

リチャードは背が高く、またとても逞《たくま》しく、目鼻立ちがまるで映画で観たハリウッドのスターによく似ている、と麻耶は感じるのです。

麻耶は、兄の深い愛に包まれ高鳴る胸の鼓動を感じながら、兄の話を待っています。

「かつて当たり前に与えられていた能力が、現在地球に住む人々から失われていることが、麻耶には理解できるよね。地球人がもともと持っていたテクノロジーが、徹底的に封じられているんだ。私たちの世界では意思によって、すべてのイメージする周波数で物質世界が現れるけれど、地球では不可能だから、なぜそうなってしまったのかを知ろうね」

「はい、お兄さま」

「麻耶がムー・レムリアのあの大きな大陸に生まれたときには、本人が望む年齢を生きられたし、必要ならなんでもできるし、なんでも知っていたよね。すべてが『陰陽の法則』であって、それをどう正しく扱えるかも知っていたよね。

神々との交流が自由にできるのは、心臓（ハート）の力によるものだよね。心臓の電場の働きが脳の六十倍もあって、何よりも太陽の高い周波数に繋《つな》がっていることを理解していたからだね。ハートの力、いわゆる魂の力のほうが脳のベクトル的な働きよりも正しいから、女性神が祭祀《さいし》王になり、男性神の統治王に国を治めさせ、平和に暮らせるさまざまな指示が出せたんだ。それが民衆の隅々《すみずみ》にまで浸透していたんだよ。まさに〝宇宙神の母性愛〟だからね」

「神々との交流ができた時代って、争いのない平和に助け合う社会だったんですね……」

「もっとわかりやすくいうとね、女性たちには直感があり、その直感とは体験したことを通してハートの感性によってさまざまな善悪を見分けているんだ。けれど男性は脳で考え、マインドの力がとても発達しているから、政治・科学・数学・物理学といった結果を出せるものに価値を持つようになっているんだよ。

だから、男性も女性も〝宇宙神の母性愛の顕現が女性である〟ことを認め合っていたからね」

「そうなんですよね。でもなぜ現在の地球では、その素晴らしい叡智《えいち》を失ってしまったのでしょうか？」

「そうだね。そこだよね……」

「地球では正直に本音で素直な会話ができる人がなぜこれほどまでに少ないのかと、私はいつも考えてきました。みんなどこかで何かを恐れているのでしょうね。心のガードがとても固く閉じていると感じてきたんですよ。お兄さまはその原因を知っているのですね？　お聞きしたいです」

「アトランティスとムー・レムリア大陸が大洪水で沈んで、その後回復した地球の時代に、エル人・エアル人といった宇宙人が、地球の金や銅、さまざまな鉱物資源を必要とする宇宙人たちの基地を建設してからのことなんだね。初めは自分たちでそれらの資源を集めていたんだが、効率が悪いために、自分たちの代わりの働き手として、火星で地球の生物と自分たち爬虫類宇宙人の遺伝子を組み替えて、ＤＮＡが二重螺旋《らせん》の新たな人類を誕生させたんだ。それが聖書にある『アダムとイブ』だよね。そこから女性が貶《おとし》められてきたんだよな……」

「現在につながる人類の誕生なんですね」

「そこからの支配とコントロールの洗脳が今も続いているよね。次第に外宇宙からの助けも入り、二足歩行の原初的な猿人に近かった地球人類はゆっくりと洗練されていき、姿も知性も優れてきたんだね。感性を持った人間であり、なおかつ神を求める魂が入っているから、いろんな宗教もできたんだよ。そうなると、この地球を科学や魔術的な力で支配する宇宙人たちは、いくらでも変容する能力を使い、自分たちの本当の姿を人類に見せないようにしたんだね。また、自分たちの遺伝子を使った驚く数のハイブリットたちを生み出し、長い年月をかけて今の地球社会に入り込ませたんだよ。そうして最も刺戟《しげき》になる権力を握り、金融を牛耳り、政治も支配し、エネルギー産業、メディアや医療もすべての分野で、ピラミッド構造の頂点から支配できてきたんだよね」

「びっくりする世界の変化ですね！　人類が可哀想ですよね……」

「この地球ではどの歴史をみても、言語や宗教の異なる国々で争い合い、戦争が絶え間なく続き、たくさんの人々が亡くなってきているんだ。長い歴史の間、お金に縛られ、権力者の指図で争い合い、愛する家族を失う悲しみも経験して、人々は奴隷のような我慢を強いられてきたんだね」

「まぁー、ピラミッド構造の階級社会が見事なまでに許され、これまでの長い歴史続いてきたことに、驚かずにはいられないですよね。でも、銀河連合も絶えずそれらを見守ってきたんですよね？」

「そうなんだ。どうしても待たなきゃならない宇宙のサイクルがあるんだよね。長い期間をかけて、今この銀河の進化のサイクルを待たなければ、この地球を支配している宇宙人たちからの真の解放にはならないからね……

支配する宇宙人たちは、人間の持つ〝感情〟や〝愛〟がわからないから、地球人類を家畜のように扱ってきたんだ。そんな哀しい惑星になっているがために、この地球は『哀しみの星・サラ』と呼ばれてきたんだよ」

「サラ……この地球は哀しみの星なんですね」

「この地球にはどうしても変えられない惑星の変化、変動の仕組みがあるからなんだよね。それが地球人がいつも見ている、あの月にもあるんだね」

「地球の衛星――月ですね」

「かつて月が地球の衛星になったことで、地球のシステムがすべて変化して女神性と叡智《えいち》が失われ、今の地球になると時間軸がすっかり変化しているんだよね。一年が、一日が、一時間が変わったんだよ。人間の寿命もとても短くなってしまってからは、驚くばかりのことが起きるからね」

「えっ、月が地球の衛星になったんですか……!? それまでの女神性と叡智《えいち》の時代には月は無かった……?」

「そうだね。なぜ月の存在が地球の哀しみの理由なのかといえば、この月の裏側には宇宙の支配者たちの基地があるんだ」

「そうなんですか!?」

「そうなんだ。しかも、地球人類が発する――苦痛・恐怖・憎悪・混乱・葛藤・不満など――ネガティブな〝感情〟のエネルギーが収集され、それを『ルーシュ』や『アスコキン』という、ある種の食料・薬品・燃料・資源に変える、宇宙的なエネルギー生産システムが構築されているからなんだよ。

例えばアスコキンは、月がその軌道を維持するために食べている『食糧』であるといえるよね。ルーシュはそれ以外にも、宇宙での活動状態の維持のためや滋養のためのものとして『捕食者』に供給されているのだからね」

「人類の感情エネルギーが収集される月は、エネルギー生産工場になっているのですね……」

「以前に、呪術師ドン・ファンの著述で知られるカルロス・カスタネダや、体外離脱体験の研究者であるロバート・モンローさえ、人間の苦痛から発する〝感情〟エネルギーが『食糧』または『資源』となるという話を聞いて、強いショックを受けたことがあるそうだから、むやみに他言無用だし、説明にも要注意なんだよ。だいたい一般の民衆は信じないないだろうけどね。だから、地球救済に来ているライトワーカーたちが〝愛の波動のままで、ネガティブな意識を持たないように！〟と、いつも啓蒙《けいもう》して知らせているんだよ。この怖い仕組みを知っているからね。

これについての説明は今は割愛して、麻耶が聞きたいことを先にするね」

「はい、お兄さま。地球は怖い惑星になっているのですね。でも、私がなぜ今も、この地球に苦しみながらいるのかが知りたいです」

「麻耶は、日本人が最も支配者たちとは異なる宇宙人からの遺伝子を持つ種族であることは、知っているのかな？　先に話してきた女神の世界の真理と、人類を助け生かせる秘伝があって、どこの国にも伝承されていない秘密を持ち、隠されてきた『三種《さんしゅ》の神器《じんぎ》』――それが数千年も守られて秘蔵されていることは知っているのかな？」

「何となく聞いたり、本で読んだりはしていますが、本当の理解はしていません」

「ではいよいよ、麻耶が地球にきて愛するユリウスを命がけで探してきた、大切な出会いの愛の物語を思い出していただこうか……」

「はい、待ってました。ドキドキします！」

「この地球を支配したい宇宙人たちが、宇宙の創造の源・女神の愛がいかに力を持つかを知るがゆえに、女神の愛と男女の性の神聖なる働きを徹底的に封じたいから、天照大神《あまてらすおおみかみ》は岩戸に隠れなければならなかったんだよね。歴史の中で最も不自然なほど隠されてきたのが日本の女神たちだったんだよな。ずーっとどこにいたのかと、みんなが探してきている、卑弥呼《ひみこ》のような女神たちだったんだよ。

　アマテラスとスサノオの娘がスセリビメで、国を治めて祭祀王《さいし》をしていたが、やがて出雲の国の祭祀王《さいし》となったんだ。その役職を娘の下照姫《したてるひめ》が引き継ぎ、ツクヨミの長・ニギハヤヒと結婚することによって、アマテラスとスサノオ、ツクヨミの三氏族がそこで統合されたんだが、下照姫《したてるひめ》の娘の代で政略結婚を拒否して、日本の『大和国』は二つに分かれたんだよ。そして、アジスタカヒコネの支配から完全に血筋は祭祀王《さいし》から離れ、ここからの政治が男性主体に替わって、やがて戦いに明け暮れる男性社会になっていくんだね」

「戦いに明け暮れる男性社会……」

「麻耶はそんな大和国を守りたくて、祭祀王《さいし》の血を継《つ》ぐ下照姫《したてるひめ》をルーツとした家系に生まれたことで、この地球に命を懸《か》けて探しにきたユリウスに、やがて出会えるんだよ」

「えぇー、嬉しいです。そのお話を聞かせてください」

「それは、日本人なら誰もが知っている世界の救世主であり、数千年もの間封印されてきた真理を体得していった素晴らしい人物、空海《くうかい》（ユリウス）と真名井御前《まないごぜん》（麻耶）、ふたりの愛の物語だね」

空海と真名井御前、ふたりの秘密が明かされる

「麻耶がまっ先に知るべきことはね、とても大きな使命をかかえ、海部《あまべ》の一族を選んで厳子《いっこ》として生まれたことなんだ。そこから麻耶が地球に来てユリウスに会いたがっていた、ふたりの出会いが起きたんだよ」

「うわー……!?」

「今から一〇万年以上も前に、かつてパン大陸が地球の文明の中心であった頃、パン大陸沈没とそれにともなう大洪水が発生したんだ。その際、かつてパン大陸に地球文明が栄えていたことを示す証人として、この一族は北に運ばれた二隻の船団『イスタ』の中にいて、沈没をまぬかれてパン大陸の北部に残った場所に漂着したんだそうだよ。この残されたパン大陸の残骸が『ザ・パン（Zha'Pan）』と呼ばれており、それが『ジャパン（日本）』であるとされているんだ」

「ジャパン……」

「人々が永遠の生命に立ち返るための最も重要な真理として、かつてのパン大陸の秘儀はユダヤの神の『櫃《ひつ》』秘宝として守られ、やがて民族が世界に分かれ、そのなかのレビ族として日本に渡り歴代伝えられてきたんだ」

「レビ族とその秘宝が、日本に渡来して来ているんですね」

「厳子《いっこ》の親の海部《あまべ》氏が、丹後国《たんごのくに》で天橋立《あまのはしだて》の北のふところにある籠神社《このじんじゃ》の宮司を世襲してきて、一族の使命として守ってきたんだ。その大切な秘儀とは〝錬金術〟のことであり、それが人々に悟りをもたらし救いとなる、最も重要な真理なんだよ。それが隠されてきた神宝なんだ。その体得をして私たちの虹の王国へ帰ることができるんだね。それを学ぼうとしたのが、空海その人だったんだよ！」

「うわー、ドキドキしてきました⁉」

「大切な出会いがあるから出向くようにという啓示を受け、空海は厳子《いつこ》のいる籠《この》神社に向かうんだ。そこで空海と厳子、ふたりは初めて出会ったんだよ。厳子はまだ十歳にも満たない年齢だったんだ。けれど空海はその瞬間魂に衝撃が走り、厳子姫の輝きと美しさに心を奪われたんだね……。それはまた、ユリウスと麻耶の再会でもあり、そのときの互いの言葉にならない感動と喜びは、まさに天と地を揺るがすほどのものだったからね」

「お兄さま、あまりの感動で胸が張り裂けそうです。ユリウスとそんな大切な出会いができたのですね……」麻耶は涙が止まらなかった。

「まだ十代にも達していなかった海部厳子《あまべいつこ》は、京都の頂法寺六角堂《ちょうほうじろっかくどう》で如意輪観音像《にょいりんかんのんぞう》に出会ったことで仏門に惹《ひ》かれていくんだね。この像は、淡路島《あわじしま》に流れ着いたものを聖徳太子《しょうとくたいし》が祀《まつ》ったものだとされているんだ」

「聖徳太子が祀《まつ》った如意輪観音ですか!?」

「厳子が十歳で京都の頂法寺六角堂に入り、如意輪観音に帰依して修行に励んでいるところに、空海は通い始めたんだよ。厳子は十歳で、三十九歳の空海との出会い――年齢は二十九歳も離れてはいたが、空海は由緒のある海部家の姫・厳子の美しさと知性を敬愛し、厳子も空海に関心と尊敬を抱いて、お互いに惹かれ合っていったんだね。年月を重ね合っていくうちに、やがて厳子は十七歳になり、父に相談し一族の了承を得て、空海が一番学びたいと念願した真理の奥義にして海部一族が守ってきた宝珠である『潮満珠《しおみつたま》・潮干珠《しおひるたま》』を空海に伝えることが大切だ、と確信したんだね。ふたりで学び合うことが許されたんだよ」

「潮満珠《しおみつたま》・潮干珠《しおひるたま》――それが……世界の秘宝ですね」

「この一族の宝珠は、すべての人類を救い出すことのできる最も大切な秘宝・神宝なのだから、厳子がそれを授けるということは、情を通じた男に、命も王権も授けるということを表わしているんだよ。この神宝はまさに神気なんだ。この世界が陰と陽による神気の創造世界だからこそ、神の力と男女の愛の力で、〝宇宙の源に繋《つな》がる儀式〟となるんだよ。

やがてふたりが互いに深く愛し合うようになるのは、天も地も万物も認める必然のこととして、ふたりの深い愛の交流が重ね合わされていくんだね。ふたりの愛の交流は、学んだ上の神の座の儀式であり、〝三昧の世界〟だったからね。約束された天界が望む出会いなんだよ」

「お兄さま、感動で、鳥肌が立っています……!!」

「人間の身体には七つのチャクラがあるけれど、眉間のチャクラと脳の中枢の松果体を天界と繋《つな》げ完成させる必要があるんだよ。
支配者の宇宙人たちは、もともと十二本以上あった優れた多重螺旋《らせん》構造のDNAをわずか二重の螺旋《らせん》構造にしてしまったから、地球人類はすべてが鈍くなっているからね。それを回復できる方法がこの愛の秘宝〝錬金術〟なんだ。やがて神秘体験を経たふたりは、螺旋《らせん》の次の階梯《かいてい》に昇るために、まさに人生観・生命観が一八〇度変化、いやそれ以上に三六〇度を超える変化をしているんだ」

「お兄さま、素晴らしいお知らせで感動です！」

「空海は、出世コースなどはたとえ高位高官に出世しようと、功徳を積まなければ地獄に堕《お》ちいかに虚しいものかと気づき、都での闘争や権力者たちのドロドロの人間関係には、ほとほと嫌気がさしてしまうんだ……」

「きっとそうなりますよね……」

「この地球という星に生きている人類がこれほどの苦しみに遭《あ》い、衆生救済に向かえないのはなぜなのか？　ということの意味にも、空海と厳子のふたりは気づくんだ」

「人類の苦しみと、仏教の衆生救済ですね……」

「人間とは神の子であるという意味の悟りは、男女の神聖なる愛の境地からしか悟ることができないことに気づくことで、すべては愛を通して執着を断ち、『菩薩《ぼさつ》の世界』に至らんとするために、これからどう生きるべきかを空海は熟考するんだよ」

「空海さまは、この人間界を超えたユリウスの記憶を持っている方ですからね」

「ふたりの出会いとその愛は、絶えず天界の世界で見守られ導かれていたんだ。ふたりは天界が絶えず注目するほどに、大切な秘儀の交流ができたんだよ……!!

やがて、蜜月を過ごしたと思われるふたりが、過酷な運命を迎えることになるんだね」

「えっ、過酷な運命を迎えるんですか？」

「厳子が二十歳のときに、あまりに美しい厳子が淳和天皇《じゅんなてんのう》に見初められ、宮中に呼ばれるんだ。海部一族には淳和天皇の申し出を断る力もないので、天皇の第四妃として迎えられ、『真名井御前《まないごぜん》』と呼ばれるようになったんだ。

やがて、空海と真名井御前となった厳子は、必然的に引き離される運命になってしまうんだ。引き離されたふたりの悲しみは誰にも理解できない苦悩だったからね。その頃から空海には、どこにいるのか足取りが掴《つか》めないとされている、謎の七年の歳月があるとされているのだが、そこからの空海は誰も真似のできない、日本の歴史を塗り替える大きな使命を果たすことになるんだよ」

「うーん……だからかしら？　真名井御前としての七年間の記憶がとても辛かったので、私はユリウスと離れ離れになって、誰かを探しているという思いがいつも記憶の中にあったのですね」

「空海はその過酷な運命を忘れ、振り切るように天才的な活躍をし始めるんだ。空海は、中国に渡り恵果和尚《けいかわじょう》から錬金術を学び終えて帰国し高野山を開いたんだが、さまざまな修行を弟子たちに命がけで体得させるべく指導していたんだ。その頃なんだよ、天界から弟のレナードが空海を助けるために、空海の一番弟子になったんだ！」

「えぇー、そうなんですか？　レナードお兄さまが来てくださっていたのですね」

「空海の使命である大きな事業――地球人類を救い出せるほどの神宝を弟子に体得させる――を、お父さまが助けるようにとレナードと話し合ったんだよ。だからこそ、ふたりは歴史に語り継がれているような奇跡をたくさん残せたんだね。やがてこの密教こそが大和の国を救えると確信した空海が、弟子に体得させる場を持ったんだよ。それが高野山なんだ！」

「レナードお兄さまのお話が聞きたいです」

「話の流れで後から出てくるからね……

大和朝廷から、空海は重要な秘密政策を明かされ相談されたんだ。唐や他国の支配者たちに奪われてはならないようなもので、日本民族が滅亡する危険すら孕《はら》んでいる大切な秘宝である『契約《けいやく》の櫃《ひつ》』を、どこにどのようにして隠し、どう守ったらいいのかを相談されたんだ。『契約《けいやく》の櫃《ひつ》』は剣山の中腹の奥深く、鍾乳洞《しょうにゅうどう》の中に設置されることに決まってから、それをいかに封印して守るかを大和朝廷と空海が話し合いの結果、四国の八十八箇所に霊場をつくり――他の者たちがすべてそこに集中して行くように――結界をつくり、四国遍路の歴史に塗り替えていったのだよ。

なぜ空海が大和朝廷から『契約《けいやく》の櫃《ひつ》』のことを引き受けたのか？　それには理由があるんだ。この地球の人類が救われ、自らがそれぞれ神であったことを知るための神宝であり、やがて未来の日本人を目覚めさせる真理であり秘儀でもある、と知っていたからなんだよね」


真言密教とは菩薩の境地──『理趣経』の中にその深い真理は収まっています。


「平安時代の初期、後世の日本仏教各宗派（顕教）の礎《いしずえ》を築いたとされる天台宗の開祖・最澄《さいちょう》と、真言宗（密教）の開祖・空海が仲違《なかたが》いをするんだよ。その原因こそ『理趣経《りしゅきょう》』だったんだ」

「理趣経……」

「仏教界のエリートだった七歳年上の最澄の遣唐使一行に加わり唐に渡った空海は、『理趣経』は資質と体感をできる者以外には絶対に学ばせてはならないこと、さらに重要な約束もして、日本に『理趣経』を持って来ていたのだからね」

「すごいですね。門外不出の経典なんですね！」

「最澄は、唐に渡って自分が持ち帰った断片的な密教よりも、空海が持ち帰った密教のほうが完全に体系化され完成されているのを驚きとともに認めていたんだ。そこで、天台宗の開祖という立場でありながら、仏教界では自分より無名で年下の空海に灌頂《かんじょう》を受け教えを請《こ》い……つまり空海に弟子入りしたんだよ。空海との交流も親密で良好なものになったので、密教の経典を毎度のように借用していたんだね」

「最澄さんは年上でエリートなのに、ずいぶん腰の低い方だったんですね⁉」

「真理への探究心とか、リーダーとして日本の未来を案じ弟子を育てる心とか、空海と通じ合えたんだね。でもね……」と続けてリチャードは言います。

「『理趣経』を訳した『理趣釈経』の借用を最澄が申し入れた際、空海はついに、（密教の真髄は口伝による実践修行にあり、文章修行は二の次である‼）という胸の内の叫びから、厳しい態度で断ったのさ。『言葉は糟粕《かす》です。言葉は瓦礫《がれき》です。真実を失います』と空海は手紙にしたためて返したからね」

「厳しい態度にならざるを得なかったのですね」

「その経典を安易に、最澄であろうと貸し出すわけにはいかなかったんだな。空海にすると、まさに教義の秘奥の経典は『理趣経』であり、それを訳した『理趣釈経』だったからね。その中には、性欲の肯定や、性交こそが菩薩《ぼさつ》の位という内容が盛りこまれているからね」

「お兄さま、理趣経にはどんな秘密があるのですか？」

「『理趣経』を紐《ひも》解くと、本来の男女の性的快楽が清らかなものであるとされているんだよ。なぜなら、その行為はそのまま天界の高い次元と繋《つな》がっていて菩薩《ぼさつ》の世界であり、異性と抱擁することが本来いかに清らかであるかということ……。本来、性交とは人間の霊性を神格化するために高めるものであり、その結果は創造の源である生命の根源、人が神へと至る悟りの道でもあるのだからね。

人の意識の二大分離の一つは〝神と人との分離〟、そしてもう一つが〝愛と性の分離〟であって、その両方を一気にパワフルに繫《つな》ぎ直すことができるのが真の密教なんだよ。それを空海は知っているんだよね」

「分離を繋《つな》ぎ直すことができるのが、真言密教なんですね……!?」

「特に真言密教は心と体感、体得すべき悟りであって、そこに書かれている文言《もんごん》をそのまま読んだだけでは、真意は理解できないからね。空海は最澄に、実践的学びが必要なことを手紙のやり取りで伝えたんだね。空海曰《いわ》く三年かかるという、『最澄が自分の築いた天台の山の頂《いただき》から降りて、空海のいる真言密教の山の頂《いただき》を目指す』ということは、さすがに最澄にはできなかったんだね」

「天台宗の開祖としての立場が、おありですものね」

「宇宙と愛の共鳴の力を何よりももつ『理趣経』で示す〝陰と陽・聖なる愛の男女の錬金術〟とは、まさにすべてに響き渡る愛の菩薩《ぼさつ》との共鳴なんだよ。

なぜ空海の弟子たちには〝錬金術〟という実践修行が必要であったのか。それは、男女が愛をもって宇宙に繋《つな》がり、悟りを経て〝次元上昇《アセンション》〟できるという、最も体得することが必要な隠されてきた真理そのものが〝密教〟だったからね。その厳しい修行を通じて、身をもって経典の意味が理解される必要があるんだね。空海は、それが未来の日本を守り救うことになると信じていたんだね」

「密教は実践修行なのですね。麻耶とユリウスは素晴らしい出会いができたのですね……」

「空海は実際に、真の学びと実践の場である高野山に受け入れた弟子たちに、精神と身体を通して菩薩《ぼさつ》の次元に至るための『理趣経』の実践、男女の〝錬金術〟を指導してきたからね。そのために、女人禁制の高野山から弟子たちが通う奈良県の北東部にある室生《むろう》に、精進峰を主峰とする山並みからは渓流が見える所に『女人高野室生寺《むろうじ》』を建設させたんだ」

「女人にも開かれた密教の道場！　すごいですね。現在でもあまり知られていませんね」

「空海の姉の子・智泉《ちせん》は空海の最初の弟子となり、家にいるときも山中で修行するときも、空海に寄りそい離れることがなかったんだ。やがて最も未来に世の中を救う真理を、空海は智泉《ちせん》に体得させるべく修行させたんだ。それが麻耶の兄・レナード――空海の一番弟子として誰よりも空海の偉業を助けたんだよ。

空海が『契約《けいやく》の櫃《ひつ》』を四国の剣山に隠し、八十八箇所の霊場に取り組んでいる忙しい最中に、高野山から知らせが届き、最も大切にしてきた一番弟子の智泉が亡くなったと知らされたんだ」

「えっ、レーナード兄さんが高野山で亡くなったのですか？」

「高野山を守るように空海に頼まれた智泉は、二十三年も空海を助け過酷なときを過ごしたんだ。そのことが、亡くなる原因だったんだよね。まだ三十七歳だったからね。

知らせを聞いた空海は急いで高野山に戻ったんだ。そして空海は『どうして俺を待たずに死んだのか……!?』と智泉の亡骸《なきがら》の前で大声を出して、いつまでも泣きじゃくっていたんだよ。

空海と智泉の絆《きずな》の大きさの逸話になっているんだね」

「レナードお兄さまも、空海（ユリウス）にも、大変な悲しみでしたね」

「空海と真名井御前となった厳子とのふたりの話のほうは、どれほど愛が深かったかに驚くんだよ。お互いに思い合うふたりの愛は、やがて――」

「――どうなるんですか、お兄さま。気になるので先を急いでください」

「真名井御前となった後も、すでに十代の厳子の中に宿していた仏門への思いと空海への思いを断ち切ることはできなかったからね。自分の心の声に正直に生きたかったのに、天皇の寵愛《ちょうあい》を一身に集めたということで女官たちの嫉妬にあい、厳子はどれほど苦しかったことか。

また、そのときの厳子と空海の悲しみと苦しみは、どれほどのことだったのか。空海は彼女を助け出すこともできず、悩み苦しむ日々を過ごしたんだ。厳子自身も天皇に寵愛《ちょうあい》されるなかで、空海同様に悩み苦しみ、空海のことを思う日々を過ごし、空海に会えずにどれほど苦しんだことだろうね」

「お兄さま、お話を聞いているうちに、私はいつどこにいても、大切な誰かを探しているという思いでいたのですが、ユリウスとのそんな素敵な愛と別れの記憶を、ずっと抱いていたのですね」

「そうだね、麻耶。

真名井御前をいかにして、助け出すことができるのかを発見した空海は、八二八年、甲山《かぶとやま》（兵庫県西宮市《ひょうごけんにしのみやし》）に真名井御前を匿《かく》まったんだね。再三にわたる淳和《じゅんな》天皇から真名井御前に対する呼び戻しの要請を避けるために、空海は真名井御前に『阿闍梨灌頂《あじゃりかんじょう》』を授けて仏門のもとに保護したんだよ。宮中から逃げ自分の元を離れたがっている真名井御前を、淳和天皇は本当に愛していたんだね。なぜなら、淳和天皇の支援があってはじめて、空海は神呪寺《かんのうじ》（神呪＝真言・マントラ）の本堂を建立できたのだから――淳和天皇はふたりの愛と絆《きずな》を知らなかったからね。八三一年十月十八日、神呪寺本堂は落慶したんだ。空海が三十三日で建立したんだね。同日、真名井御前は僧名を『如意尼《にょいに》』と名乗るんだ」

「私はこのとき如意尼として、神呪寺で三年間修行を続けられたんですね⁉」

「神呪寺の秘仏は、空海が如意尼に贈った『如意輪観音』なんだね。甲山《かぶとやま》山頂の巨大な桜の木を如意尼となる厳子の生き姿をモデルに、八三〇年、空海が三十三日で彫り上げた仏像なんだよ。それはまるで空海が、燃えあがる愛情のすべてをその像の中に凝縮させて、厳子に捧《ささ》げ尽くしたようだよね」

「神呪寺の如意輪観音――厳子は何よりも大切にしましたよね……」

「空海は自らの手により真名井御前を剃髪《ていはつ》したんだ。そしてその時、如意尼となった厳子姫の美しさに、空海は自らが彫ったご本尊の『如意輪観音』を超えた現身《うつしみ》の、ホンモノの仏を見たんだよね。如意尼のほうも空海を見て、〝ああ、お大師様《だいしさま》――生きた仏とは、貴男《あなた》さまのこと……‼〟と、ふたりが共感・共鳴して同じことを思うんだよ。

その期間のふたりは、魂の伴侶として、それまで会えなかった辛い日々をお互いに愛で埋め合わすように、どれだけ大切な至福の瞬間を味わい清浄なる菩薩《ぼさつ》の境地になったかは、いうまでもないよね……」

「……感動で鳥肌が立っています……!!」

「そんなとき、淳和天皇が連れに来ると知った厳子は、甲山《かぶとやま》から空海のいる高野山に向かって懸命に空海を思い旅をしたのだが、途中で病気になってしまったんだよね。空海に会いたさの思い一筋に高野山に向かって合掌し、如意輪観音の真言を唱えながら息絶え、八三五年三月二十日に三十三歳の短い命でこの世を去ってしまったんだ……」

「〝お大師《だいし》さまぁ〜……!!〟という心の叫びが、時空を超えてシンクロします! お会いしたかったですね……」麻耶は涙を拭っています。

「空海に会いたさ一筋に歩んできた厳子が死んだという知らせを受け、空海はその翌日に、高野山において〝即身成仏《そくしんじょうぶつ》〟になったからね。誰にも理解などできない深い愛のふたりの絆《きずな》だったよね。空海は入定（永遠の禅定）する際、真言を唱えながら大日如来の印を結び、八三五年三月二十一日に六十一歳で生きたまま仏となったことは歴史に記されているね」

「本当にこの驚くドラマを聞いていると、まるで私の魂が深く思い出すようになってきて、感動とともに辛い体験も含め、ユリウスとともに大切な出会いができた喜びで、身体中の細胞が記憶を蘇《よみがえ》らせてきたように鳥肌になっています……」

ふたりは、霊界のシステムに組み込まれてしまうのでしょうか？

「えー、お兄さま。私たちふたりは、肉体を亡くした後どうなったのですか？　教えてください。これほど求め合うふたりの愛は、霊界などといわれる場所に行って会えるのですか？」

「麻耶、思い出してごらん。麻耶はもう生きていることが辛い、死んでしまいたいと思ったよね。この辛い地球で体験した出来事は虹の王国、いわゆる神々の世界といわれるところでも素晴らしい進化ができる、とても重要な魂の体験をしていることはわかるよね」

「はい、そうですね、お兄さま。けれど胸が締めつけられる思いです」

「普通の人々は運命のまま死後の世界に行き、各自の意識に応じた霊界に落ち着くということになるよね。……けれど、麻耶は虹の王国から地球に自分の意思で降りて来ているから、いつも大切なファミリーに見守られている！　だから見守っていたサーシャーが、麻耶が命を絶とうとしたから、モニタリングしていたＵＦＯに麻耶を乗せて助け出したんだ。麻耶の肉体は宇宙船内で別の管理とされ、麻耶のエネルギー体、いわゆる魂は愛する家族に迎えられ、感動する出会いをしたよね。亡くなったと悲しんだ結花までもが、ファミリーのなかに帰って来てたよね」

「お兄さま、ありがとう。ファミリーに常に見守られていたから、私も子供も助かったのですね」

「地球を支配しようとしている者たちが、虹の王国出身者の魂までも洗脳したくて辛い体験をさせようと企むのだけれども、虹の王国のファミリーに常に見守られている上に、彼らの意識――意図、思惑、奸計《かんけい》など――を軽々と越えている意識状態の魂までは手出しできないんだよ。麻耶とその子供たちは、虹の王国からさまざまなドラマを通して地球でその役割を演じているから、肉体から抜け出しても虹の王国のファミリーたちによってすべてが守られているからね」

「えぇー、そうなんですね！　安心しました」

「麻耶とユリウス――肉体を亡くしたとしても、ふたりの無条件の強い愛によって、感動とともに同じ願ったところで再会できているんだよ。なぜなら、人類に未来の愛のあり方を示す、創造主も認める希望のカップルだからね。拍手喝采で迎えられているよ」

「はい、お兄さま。わかりました」

「今は地球の波動がどんどん高くなっていて、大きな終末を迎え、待ちに待った素晴らしい宇宙時代に入ろうとしているんだよ。銀河連合に加盟している星々から、それぞれの意思で使命感を持ち、望んで地球の奉仕者として生まれてきている者たちはたくさんいるからね。

地球のようなとても重くたくさんの束縛に縛られて苦しんでいる神の子たちをなんとか救いたいと、宇宙の愛を持った者たちもたくさん来てるんだよ。だから、人間の身体を譲り受けてウォークインしながら人類のために献身的に役立とうとしている者たちもたくさんいるんだ

よ」

「支配者の霊界システムには、組み込まれてはいないのかしら⁉」

「もはや支配者の輪廻《りんね》のサイクルには組み込まれていないから、大丈夫だよ。創造の源からきているいわゆるライトワーカーといわれる者たちは、木星にある衛星に地球に来る前に集められ、さまざまな使命といつどこに配置されるかを記録させられているんだよ。だから、一度肉体から抜けて地球の霊界といわれている場所に行くと、その奉仕者たちのさまざまな地球でのドラマで出会った者たちがまるで一つのファミリーのように、どれほど喜び合い、感動し合い、自分たちがその役割を演じたドラマのそれぞれのあり方を見つめ合って、また各自が次にどのような選択をして、次にどんな冒険に挑むのかを話し合うんだよ。ふたたび地球に来ることを望まない奉仕者たちは、それぞれの故郷の惑星に帰ることができるんだ」

「お兄さまの話をお聞きして、どんなに救われ感謝しているかわかりません」

「麻耶が知りたがっているユリウスと麻耶の出会いは、天界でもとても話題になる深い愛と絆《きずな》で結び合っている誰もが真似のできない、尊敬に値するカップルの出会いなんだよ。このふたりの愛と絆《きずな》がいかに人々を救い出せる真理であり、天界の秘儀・秘宝であったかを理解したよね。次元の違う世界で巡り会うと、まさに新たなビッグバンが起きるのではないか、と思うほどの強い愛と絆なんだよ。

ふたりはお互いに愛を確かめ合った上で、虹の王国に帰り着くことができる人々のために、また地球で日本に生まれ変わることを話し合ったんだよね」

「地球で肉体を持つということは、そのような感動する記憶を絶えず失わずに持ち続けて生きることができないのですね。その代わりにこの地球から離れたら、きっとすべてを明確に思い出して記憶し、感動することができるのでしょうね。

これで私は安心して、地球に残している愛する希美と健に会いに戻ることができます！」

「麻耶、素晴らしい地球での体験を胸に秘めて地球に帰ることはとても大切なことだね。サーシャーにまたお願いして戻るのがいいね。戻ったらレナードが待っていて子供に会わせてくれるからね」

「お兄さま、本当に感動しました。感謝しています。私は忘れませんからね」と、麻耶はリチャードに抱きつきました。「では、サーシャーお姉さまにお願いして地球に戻ります」

「最も麻耶のそばにいて深く関わっていたレナードからゆっくり、またその物語を聞いたらいいね。なぜなら、新たなドラマを展開するためにも、どんなことを体験したのかという『明確な意味』と、また虹の王国のファミリーや銀河連合からの奉仕者たちとともに日本を守り抜くためにどんな使命を持ち合い、麻耶が今世さらに何をなそうとして生まれてきたのかという『未来のなすべきこと』がわかると思うよ」

「お兄さま、私がなぜ日本に生まれ、突然の病で夫に先立たれることになり、また未来に向かって何をなすべきか？　また、大切なふたりの子供をどのように育てていったらよいのかが明確になるということですね。それはとっても今の私には大切なことなのです。

またリチャードお兄さまとお会いしたいときには、私のその願いは叶いますか？」

「その次元の違う世界の中で、どうしたら意思の通じ合いができるかは、サーシャーが麻耶に帰る前に教えてくれるからね。どこにいても見守られていることを忘れないでいてほしい」

麻耶は地球に帰る前に、サーシャーに地球の霊界を覗《のぞ》かせてもらいます

「お姉さま、私が地球でユリウスにも会えてどんなドラマを生きたのかを、リチャードお兄さまから伺うことができました。とても感動し喜び、また安心いたしました。この学ばせてもらえたことをこれから帰る地球の生活の中でどのように生かしたらよいか、しっかり考えながら大切な子供たちと生きていこうと思います。

また地球に帰った際、どうやってリチャードお兄さまや、レナードお兄さまにお会いすることができるのかを伺いますと、サーシャーお姉さまに聞いたらいいよとおっしゃっていましたので、ぜひお知らせくださいね」

「麻耶、今回UFOに乗って助けられ、ファミリーに会えて、麻耶がなぜ地球に降りて生きなければならなかったのかが理解できて本当によかったわね。私たちファミリーも、麻耶に会えて、可愛い結花をファミリーのなかで育てることができることを、とても喜び合っているのよ。

麻耶が、なぜこれほどに地球の人々が彷徨《さまよ》い、束縛され、貶《おとし》められて苦しんでいるのかを理解するために、ほんのわずかな時間でその霊界といわれる世界を見せることができるから、帰る前にぜひ学んだらいいわね」

「えっ、お姉さま、そんな体験ができるのですか⁉」

「麻耶、私の後についていらっしゃい」

大きな翼を広げ、麻耶はサーシャーの後についていきました。

「人間の脳はとても鈍く、見えないエネルギーの世界を理解できないために、争い合い、競い合い、また嫉妬をしたり、〝感情〟のコントロールを正しくできる人々がとても少ないの。そのために、人間界でいう『カルマの法則』――原因をつくったものがその結果を得ている――と洗脳され、なかなか自分を愛することができないのよね」

「〝感情〟のコントロールと、カルマの法則……洗脳……」

「霊界とは本当に、魂の経験の積み重ね、感性の個性が生かされる世界のことよ。目に見える世界の体験に執着するのではなく、何をどう感じることが大切なのか――それが一番に問われている世界のことね」

「霊界はその人の意思と感性が大切なんですね……」

「さらに最も重要なことは、宇宙の源である『神・創造の法則』または『愛の法則』を信じているか否かでも、霊界での階層が見事に分かれていくの。

ただ救いは、霊界という世界では、親子の愛、夫婦の愛、友人たちとの愛、個人が体験したさまざまな能力などによって、引き寄せられていく世界があって見事に分かれていくのよね。

国々の違い、また宗教の違い、生まれ変わりの回数による違い、地球にいる体験の馴染《なじ》んだ世界で特に会いたい人にすぐ繋《つな》がっていくのではなく、個人の意識の段階によって違ってくるのよ。高い意識の階層からは、かつて親しかった繋《つな》がっていた人に会う選択はできるのよ。けれど、学ばなければならない意識の階層が低いと、会いたい人に思いを送っても、それを相手が受けなければ会えないのよね」

「霊界での階層間の違いとは、本当に地球とは違うのですよね……」

「麻耶に最も理解してほしいのは、地球の人々が社会の中で束縛されて苦しみ幸せな世界へと解放されていかない理由が、貨幣制度による束縛と男女の愛による束縛――特に〝聖なる性〟を理解できずにたくさんの地獄をつくっていることなの。このことが人類に正しく理解されたなら、どれほど地球は宇宙の源と繋《つな》がり、未来が平和になることでしょう。いつか麻耶は、そのような大切な真理を人々に伝え理解してもらえるような使命があることを、きっとわかってくると思うわ」

「えぇー、そんな霊界をお姉さまと一緒に見ることができるのですね!?」

「では、そんな世界をこれから一緒に潜《くぐ》りますよ」

「はい、お姉さま、層になって重なった世界が見えて来ました。……霊になった人がいます」

「霊になったすべての人々の胸の後ろに、実は神と繋《つな》がっている見事なエネルギーの糸があるのが見えますか？」

「はい、見えます。それはなんでしょうか？」

「すべての生命は、宇宙の源である創造主から生まれ繋《つな》がっているので、神の子といわれているのよ。このすべての人が持っている『神との繋《つな》がりの糸』があるために、私たちは永遠の生命であるといわれているのですよ。その神の子であるという自覚をもてないだけで悲しい体験を重ねる人々が、どのように救われたならその源に帰ることができるのか、ということをこれから学ぼうとしているのですよ」

「霊界だと創造主からの生命の糸が、ハッキリ見えるんですね⁉」

「けれど、地球の人にはその神と繋《つな》がっているオーラが見えないために、みんな迷い、さまざまな体験をしているのよね。苦しい体験をした人たちは復讐心《ふくしゅうしん》に囚われ、同じような思いの人たちのところに引き寄せられているでしょ。自分自身の真実を知り、自分自身を愛することで幸せになれることを掴《つか》みとるまで、自信が持てず絶えず寂しがり、真の愛を体験しようとしている人々の意識の階層が分かれているのが霊界なのですよ」

「けれどお姉さま、とても自由でそれぞれが解放されていますよね」

麻耶が驚いたのは、私たちが生きている社会と同じ世界が、まるで透明な水辺に映っているように存在していることです。三次元の重さがないので霊たちはとても自由なのです。けれど各階層に見事に分かれています。意識の階層の高いところから下には自由に行けますが、意識の階層の低いところから上には入れないのです。そのすべてを分けているのは、愛や憎しみから無関心や虚無までの価値観など、それぞれの魂がどこまでの段階の意識であるかの相違です。

麻耶は驚きながら、サーシャーとさまざまな霊界の様相を見て学びます……

人間が死ぬとどのような霊界に移行するのか、サーシャーから学びます

「霊界がどんなところか、麻耶は夫の死や結花の死を乗り越えられたからこそ知りたいよね。人はみな死を恐れているけれど、本当は死ぬことは怖いことではないのです。人が死んだ後に行く霊界がどのような場所で、そこでどう過ごすことになるのかわからないから恐く感じてしまうんですよね。だから仕方のないことなのだけれども、本当は霊界で体験することは素晴らしいことなんですよ」

「そうなんですか⁉　人が亡くなったらまず何が起きるのでしょうか……？」

「肉体が死ぬと肉体以外の精妙な体が、肉体を離れる一瞬の間に高い振動数に同調して調整され、死んだ人は、光のトンネルと表現されている道を通って、霊界に向かうのね。その旅は、何一つ怖がることも緊張することもなく、あっという間に起こるんですよ。

でも、その死に移行する直前の状況の記憶は、実体験のようにリアルなので、その人のアイ

デンティティや精神状態に影響を与え、霊界での対応や順応に直接的に影響しますから、健全な状態で来た場合と、ひどいトラウマを受けてきた場合では、援助の体制も変わってくるのです」

「そうなんですか。どんな状況で亡くなったかが、霊界への移行に重大なんですね……」

「霊界に到着するとその人は、住居、食物、勉強、仕事、社会的イベント、統治システムなどの説明を受け、出迎える援助者によって手厚い看護やもてなしがなされるのですよ。よく霊界に移行した到着者のことは『魂』と呼ばれているけれど、各個人の名前も知られ、これまでにどのような状況下にいたのかを、本人の望むニーズに合わせて手厚く対処されているのね。比較的健全な精神状態でここに来た場合は、自分が霊界に入ったことがわかり、ここでの生活に自然に順応できるのです」

「地球で災害に遭ったり、戦場などで残酷な死に方をしなければならなかった人々は、どのように対処されているのでしょうか？」

「車の事故や火事・嵐・台風・地震などの天災で急死した人たち、残酷な拷問の上に殺された人や戦闘の場で殺された戦士たち、そのような恐怖の中に巻き込まれて死んでいった人々は、地球上の恐怖を経験したまま精神的に深いトラウマを受けて、その精神がここに到着するのですから……。だからこそ、ここは、その人が地球でイメージしていたとおりの場所になっているのね。

それぞれの人が持つ信念が思ったとおりの天国や地獄をつくり出し、霊界の援助者によって救い出されるということに、なかなか気づけない状態が続いてしまうからなのよね……。だから、医療面と心理面の両方からのケアが求められ、特別な癒しのための対応がなされるのですね」

「お姉さまに、私はどうしても伺いたいことがあります。それはかつて、地球が今のような人類を奴隷のように苦しめる時代に変わってしまう以前に、私はとても平和で美しい時代にもこの地球に生まれていたと思うのです。けれども、今回お父さまにもお話ししましたが、地球の霊界のシステムはなぜ生まれ変わるときに、すべての記憶を失わなければならないシステムになってしまったのでしょうか？」

「そうよね。麻耶はそこが一番に知りたいことよね。どう説明したら一番わかりやすいかを例にして話してみるわね。それぞれの宇宙にはたくさんの人種の姿形や個性があるわよね。また、さまざまな惑星の次元の違いや個性があるのよね。

今の地球にもわかるように、豊かな家と貧しい家があるのよ。かつての地球は素晴らしい知性を持った宇宙人が、理想的な豊かな家を持っていたと考えてみてね。けれど宇宙のサイクルにより、さまざまな理由ですっかり次元が下降してしまい、他の宇宙世界から見ると今の地球はとても気の毒な貧しい家に住んでいるのですよ。だから、その家の権力を持つ者がすべてを握っているのだけれど、暮らしをともにする家族は辛いから、この支配と貧しさから抜け出そうと懸命に努力しているのよね。

だから、宇宙の源からもこの事態は包み込まれていて、この貧しき家の世界も宇宙では許されてきたのよ……。けれど今は限界を迎えたわね。宇宙からのライトワーカーや、この亡くなった人々を丁寧に守り、個々の目覚めと愛の法則を守れる方々に成長を助けるためのシステムとして懸命に働いているのが、麻耶にもわかるでしょう。

麻耶、このような話の説明で、少しは理解できましたか？」

「宇宙のサイクルと、大いなる創造者の見守りの中で、許されてきているのですね……」

「だから麻耶。この貧しい家の主たちがそのまま権威を持っていたから、天界からきた豊かな世界の者たちの記憶を残酷にも電磁的に過去世の記憶を消すし、今回の麻耶の生まれ変わりも辛いことにされていたのよね。

けれど、この辛い経験の中に、素晴らしい知識と学びになっている貴重な真理の気づきと、よくコントロールされた〝感情〟と〝愛〟が磨き上げられて、地上の人間だけが獲得できる貴重な〝心の進化〟があるはずです。それは、天界にいては得ることのできない、天界に帰ったときには誰もが羨む『宇宙根源の愛の勝利者』の証ですからね」

「お姉さま、ありがとう。本当に、お姉さまの熱い思いも伺えてよかったです。また素晴らしい霊界で人々が大切にされていることを知って安心しました。もう少し教えてくださいね」

「そうね、ではお話しするわね。

霊界では、かつてどのような時代に生まれ変わっているかなどを知る以前に、最も一番身近な記憶になっている状況から霊界へ移行できるように、相手の個人個人の精神を迎え入れているのよね。

通常、地球の人の考えでは、先に亡くなった家族や親しい友人が迎え入れてくれるのではないかと思うのだけれど、それは違うのよ。やがてさまざまな意識の回復がなされ、段階的にどんな人と出会うことが必要かが認められたときにのみ、再会することができるようになっているのよね。実は、それぞれの魂とは神の子であり、神との繋《つな》がりをもっているということを本質的には知っているのよ。けれど、地球の記憶があまりにも物質的な世界として理解しているがために、個人個人の体験と精神や意思の世界が、さまざまな霊界の場を分けてしまうのね」

「そうですよね。死が怖くないと地球の人々が気がつくと、目覚めますよね……」

「霊界は地球のように物質化された世界ではないから、スペースなどになんの心配もいらないし、また到着者たちを迎え入れサポートする素晴らしい奉仕者たちは、自らの為せることに喜びと誇りを持っていますからね。疲れることも眠ることも必要なく、とにかくどのようなトラウマを抱えて死を迎えた人々にも必要な時間をかけ、しっかりと対応しているのよ……」

「素晴らしい奉仕者ですね。個々人のニーズに応じた細やかな対応をしているんですね」

「個人個人の魂や意識、また記憶している理解度によって、見える世界の現れも段階が見事に違っているのよね。高い階層からは、知りたいと思う混沌《こんとん》のような広い世界からでも、まるで映画のフィルムを知りたいことに巻き戻せるように、瞬時に理解することができるのよ。

この霊界という世界は、エネルギーがすべて音の振動であり、周波数の違いになっているのですよ。だから、対応する相手の言霊《ことだま》とか熱意とか〝感情〟のバリエーションによって、すべてが変化する世界なので驚くほどの違いがあるのよ……」

「死者の世界は素晴らしいんですね。どんな人も安心してよい出迎えや対応をしていただけるのですね。そのことは知ってほしいですね」

「子供たちが、さまざまな理由でこの天界に入ってくると、大人たちよりもたくさんの天使たちによって、本当に素晴らしい天国をその子に合わせて迎え入れられているのよ。だから、どんな人々も一瞬でも放っておかれることなどないように、見事なシステムになっているのよ。到着者がどれほど多いピーク時でも、霊界では総動員ということはないんですから。例えば、もしこれから地球で巨大な地震・洪水・戦争などで命を落とした大勢の人々に霊界の援助者たちの対応が必要な状況でも、すでに想定した絶対確実な対応のシステムになっているなんてすごいわよね。

今まさに、長い間苦しみに耐えてきた地球の人々が真に目覚め、変化できる時を迎えているから、宇宙の創造の源では壮大な進化の様相をすべて知り、準備が完了しているのですよ」

「霊界ではどのような姿や服装などで地球から到着する人々に対応しているのですか？」

「到着者が期待しているとおりのものを着ているんです。どんな国の人々に対しても、最も適切な状況や衣服に合わせてそれぞれが瞬時に、その人に馴染むように対応できているんです。ジーンズやTシャツのようなカジュアルな姿から、寒い国から来て分厚いコートを着ている人たちには、そのような姿で対応しているんですね」

「到着する『魂』が期待している服装に、違和感なく自動的に対応できるんですね。このことでも、それぞれのニーズに合った受け入れと援助が受けられるという、霊界の仕組みの一端が垣間見えますね。今の地上の世界よりもシステムとして優秀ですよね」

「まさに歴史上に予言されてきた『至福《しふく》千年期』に入ろうとしているのですからね。まさにこれから弥勒の時代を迎えるこの地球という惑星上にも、どんどん研究が進みフリーエネルギーや驚くようなテクノロジーで暮らすことができるから、麻耶、ワクワクしていても大丈夫よ」

「本当に今の地球の人々がたくさん目覚め、最も自分を愛し受け入れ、他の人々をも愛する生き方ができたら、どんなに未来が素敵なのかがよく理解できました。このお話を伺えてとても喜んで感謝しております。どんなことに対しても恐怖心をもたないことと、すべての世界には理由があることを、あるがままに受け入れることが大切なんですね」

魂の霊的進化のために必要なのは、男性性と女性性のバランスを取ること

「地球で男性と女性という二つの対極的な性エネルギーの世界がとても貶《おとし》められてきていると感じていますが、この霊界ではどのような様相になっているのでしょうか？　お姉さま、知りたいです」

「理想は両性具有となり男性と女性のエネルギーのバランスを取ることが必要なのです。男性エネルギーは男性だけのものではなく、また女性エネルギーも女性だけに限られたものではないからです。男性エネルギーは荒々しく、ときに無慈悲とも思えるやり方で生産的につねに何かを立証し、成功や達成を追い求めていきますよね。一方、女性エネルギーは優しくて静かであり、より大きな強さを土台にしていると思います。

パートナーの一方が男性性のみで、もう片方が女性性のみのような関係だと、女性エネルギーのほうは生涯続くアンバランスに耐えきれなくなるか、短命になっていくのです。同性愛がいけないのではなく、かつての過去の記憶で愛のバランスを取ろうとするために縁のある人と出会うのですが、社会が認めずに偏見をもたれ辛い思いをすることによって、その記憶が同

じ生き方をする人たちに無意識に批判的になってしまうとされています。やがて、両方のバランスが愛によってなされるまで学ばなければならないのです」

魂の霊的進化に真逆な「性エネルギーの倒錯」とは？

「愛するふたりの満足のいく性的結合は、性エネルギーがポジティブに交流することによって、喜びのある有意義なエネルギー的調和を相互にもたらします。

一方、この性エネルギーがポジティブに使われるのではなく真逆に使われた場合、悲惨で苛酷な世界が出現してしまいます。今や地上では、性エネルギーの倒錯から起こる行為の数々がとてつもないほど蔓延《まんえん》し、想像を絶するほど悪を増殖させているのです」

「性エネルギーの倒錯による悪の蔓延《まんえん》ですか⁉　それはとても悲しいですね……」

「魂のレベルでは私たちは神の子であっても、肉体の性エネルギーが堕落し逸脱するほど神から一層離れてしまうのです。異性愛であれ同性愛であれ、どんな形態の出会いも魂の霊的進化のために必要なことであり、すべてのカップルの魂レベルにおけるエネルギーの絆《きずな》は全面的に尊重されているのです。愛に満ちていれば同性愛の関係というのは性エネルギーのある意味では倒錯ではないのですよ」

「魂レベルにおける絆《きずな》は同性カップルであっても、性エネルギーの倒錯ではないことを知って学びになりました……」

「性エネルギーの倒錯――これがありとあらゆる人間の思惑の無意識の寂しさや辛さの根源となっています。社会的、宗教的、哲学的見地からいって、性エネルギーの倒錯を根本原因としていない犯罪はありません。

例えば、人間や動物の拷問、虐待、残忍な性的行為は目を覆《おお》いたくなるほど今の地球には蔓延《まんえん》していますが、実際はすべて性エネルギーの倒錯が原因になっているのですよ。これらの行為は宗教の隠れ蓑《みの》になり生贄《いけにえ》をともなう悪魔崇拝にも使われていて、政治の世界でさえそれを認めているのです。

殺人や近親相姦《きんしんそうかん》、強姦《ごうかん》、不特定多数との性的行為がいかに人間を貶《おとし》めることになるかを正しく学ぶ場がないために、若者たちをはじめ多くの人々が無意識のうちに性的欲望などによって苦しんでいます。あるいは厳格な宗教的な禁欲なども精神に破壊的な影響を与えてきたのです。

このような行為の影には闇の力があり、ひどい腐敗行為がきわめて浅ましい密度の濃いエネルギーを生み出し、そのような行為を利害に変えていく闇の者たちが世界にはたくさんいるのです。人々を神から疎外してしまうのに、これほど大きな要となっている性的倒錯の世界は他の星にはありません」

「お姉さま、本当に地球で正しく愛し合うことがどれほど封じられ、人々が苦しんでいるのかに驚きます。なぜこれほどまでに、神と繋《つな》がり合う愛の世界が貶《おとし》められてしまうのでしょうか？　先ほど、お姉さまに見せていただいた霊体になった人々は、神との繋《つな》がりが素晴らしい絆《きずな》となってエネルギーが繋《つな》がっていましたよね。なのに、なぜ正しい愛がこれほど阻《はば》まれ封じられているのでしょうか？」

「地球の人にはその神と繋《つな》がっているオーラが見えないために、みんな迷い、孤独感を持ち、さまざまな体験をしているのよね。苦しい体験をした人たちは復讐心《ふくしゅうしん》に囚われ、同じような思いの人たちのところに引き寄せられているでしょう。

自分自身が神であることを知り、自分自身を愛することで幸せになれることを正しく掴《つか》みとるまで学ばなければならないのですよね。自信がもてず絶えず寂しがり、真の愛を体験しようとしている人々が霊界では各層になって分かれているのが麻耶にもわかったでしょう？」

「はい、お姉さま。階層の違いがよく見えました」

「いつも私たちが守っていますからね。素敵な学びができましたね。では、麻耶。レナードが待っているので、天空の宇宙船で麻耶の住んでいた場所の上空に戻りますよ。そこに着いたら麻耶は、保管・管理していた肉体に衣替えして、子供たちとレナード兄さんの待っている住居に瞬時に戻ってもらいますからね」

「はい、お姉さま、ありがとう。本当に素晴らしい家族との再会ができて感謝で胸が一杯です。また地球にいるレナードにこれから会えたら、たくさんの話し合いができるので、子供たちとこれからどのように生きたらよいのかも、知ることができると思うのです」

「これからさらに、どんな歴史のドラマを体験したのか聞いたらいいわね。リチャードお兄さまと交流するときには、この水晶を持ち、特別なマントラと祈りを唱え、瞑想《めいそう》するとお兄さまと繋《つな》がりますからね」

サーシャーはキラキラと輝く小さな水晶を麻耶に持たせてくれました。

麻耶は、希美と健、レナードに会うことを楽しみに地球に戻ります

気がついたら、麻耶は子供のいる家に着いていました。待っていた希美と健は「お母さん！　どこに行っていたの？　待っていたよ！」と抱きついてきました。

「ごめんね。どうしても行かなきゃいけないところがあって、あなた方に寂しい思いをさせたわね」

「お兄ちゃんがいろいろ遊んでくれて『お母さんがすぐ帰ってくるよ』と、とても美味しい食事のお店に連れて行ってくれたよ」

麻耶は、そばにいるレナードの顔を見ると言いました。

「お兄さま、本当に心配なくそばにいてくださって、ありがとう。お兄さまもご存知のように、私は天空のファミリーにお会いでき、たくさんの思い出話や学びとともに感動した時間を過ごせました。こんなに素敵なファミリーがいつも守ってくれていたんだと知って、とても嬉しくなりました。

また、レナードお兄さまとこれから未来のことも含め、もっと知りたい歴史の中の物語もお兄さまと縁が深かったから聞きなさいと、リチャードお兄さまに伺ってきました。お兄さまはまた会いに来てくださる日をぜひご連絡くださいね。お兄さまとたくさんお話しできるのを楽しみにしています」

「麻耶、今回結花のことがあってとても辛い思いをしたね。だから見守っていたサーシャーが助けてくれたんだよね。麻耶に会えた天界のファミリーの喜ぶ様子が伝わっていたよ。

次回ゆっくり会えたときになぜそのような辛い体験をしなければいけなかったのかも含め、これからの未来さらにとても重要な使命が、麻耶にも僕にもまた成長する子供たちにも、この地球でなさねばならないことがあるんだよ。そんな話をゆっくりまた会ったときにしようね。麻耶にこうして会えてとても嬉しいよ」

「お兄さま、本当にありがとう。これからいろいろなことをお兄さまと一緒に学べることが、何より嬉しいです」

麻耶はレナードに抱きつきました。すると麻耶は、とても不思議なお兄さまとのこの感覚を、どこかで知っていると感じたのです。

「お兄ちゃん、ありがとう。とっても楽しかったよ。また会いに来てくれるんだよね。希美も健も待っているからね」子供たちもそう伝えると
「また会いにくるからね」と、レナードは応え、ニコニコしながら去っていきました。

「希美ちゃん、健ちゃん、お母さんを待っていたのはどのくらいの時間だったの？」

「お兄ちゃんが迎えに来てくれたのは……
お母さんに頼まれたからお昼を食べに行くよと言ってくれたんだ。
『ふたりは何が食べたい？』と聞いたから
『美味しいハンバーグが食べたい！』って言ったら
『じゃあ一緒に行こう！』と言って、お昼を食べて家まで帰ってきて
『もうすぐお母さんが帰ってくるからね』と言って、一緒にゲームをしていたんだよ。
お兄ちゃんはゲームがとっても上手だったよ。
そしたらお母さんが帰ってきたんだ」

「そうだったのね。よかったね。またお兄ちゃん来てくれるからね。さぁ、これからお母さん

があなた方の大好きなお料理をつくるからね」

幸せな会話で食卓を囲みながら、親子で癒される時間を過ごしました。

麻耶は、とても長い時間を「天空の城」で学んできたように感じていたけれど、実際の時間は短く、子供に心配をかけずに帰ってこられたことに、地球との時間・空間の違いを感じ驚きました。

数日後、レナードから麻耶に連絡がきました。

「麻耶と大切な話をしようと思うのだが、麻耶の都合を教えてほしい」

「お兄さま、では子供が学校に行っている間に来てください。ランチをつくってお待ちしております」

麻耶とレナードが日本を守った時代の、驚くべきドラマの計画と配役とは？

三日後、レナードは早速やってきて話し出しました。

「とても大切な話があるんだ。麻耶はリチャード兄さんから、地球に探しに来たユリウスが空海だった話と厳子（真名井御前）との出会いの話を聞いているよね」

麻耶はコクリとうなずきました。

「次に僕に会って日本の危機を救い守るために、虹の王国のお父さまやファミリーと話し合い、とても大事な時期に地球にそれぞれの役割を持って生まれる計画を立てたんだよ。

麻耶はまたどんな時代に生まれ、ユリウスとの再会があったのかを知りたいよね」

「お兄さま、とっても知りたいです。どんな巡り合わせをしたのかを聞かせてください」

「戦国時代の始まりから話すね……」

「戦国時代⁉　戦国時代にも関わっていたのですか？……」

「鎌倉から南北朝時代を経て、武士の足利尊氏《あしかがたかうじ》が権力を握って征夷《せいい》大将軍になり、室町幕府を開いたのだが、やがて世襲制の弊害が出てきたんだ。すると、政治の内情はボロボロになっていったんだよ。求心力を失ってしまった幕府に次から次へと楯突《たてつ》く大名が出てきて、お互いに絶えず争い合いが止まらなかったんだよな。それが歴史に残る過酷な戦国時代の始まりになったんだよ」

「えっ、お兄さま、そんな戦国時代にユリウスと再会ができたのですね」

レナードは麻耶を見てうなずきました。

「その頃、日本は無政府状態になったから、以前から島国の日本国を従えようと企んでいた、地球を支配する劣等宇宙人たちが狙い始めたんだ。フランシスコ・ザビエルがスペインからイエズス会の使者として薩摩の島津貴久《しまづたかひさ》に会いに来たんだよ。キリスト教という宗教を広めることを表にして、宣教師たちが次々日本にやって来るようになったんだ。

まさに弱肉強食、混沌《こんとん》の渦中にあった時代に、やがて世界を指導する立場にある民族の日本を守らなければならないと、銀河連合をはじめ虹の王国のファミリーも、日本に生まれる計画を立てたんだよ」

「まぁー、お兄さま、ワクワクしてきました」

「時代を思いきり変える使命を授かり、またその使命を了承し、ユリウスがひとりの男の子として生まれたんだ――それが織田信長《おだのぶなが》だったんだよ。

信長は他の大名と同じように、自分の権力欲のために天下を取ろうとして生まれてきたのではないんだ。信長は、縄文の頃のような戦争のない愛と助け合いの平和な世の中を日本に取り戻したかったんだ。そのためには自分が〝鬼〟にならなければならないと、固い決意をしていたんだよ。

ユリウスは天界で『戦場で〝鬼になる〟ことができるのか？』と問われ、『日本を守るためなら、自分が〝鬼の信長〟になることで使命を受け入れる』と了承したんだ。戦乱の世の中を鎮め、平和な時代をつくりあげる決意を抱えて生まれたんだよ。ただ一つ条件があったんだ——それが麻耶との再会なんだよ」

「ユリウスがそんな大きな使命を持って信長として生まれ、私との再会を望んだのですね。感動します」

「信長が鬼になると決心したのは子供のときだった。彼は身分の低い子供とも、とても仲よく遊んでいたんだ。その友がある日、急ぎ馬の前を横切り邪魔をしたという理由だけで馬で蹴《け》り殺され、『百姓の倅《せがれ》ひとり、どうってことない』と、その武士は吐き捨てたんだ。

その時、信長はこのような世の横暴さが我慢ならなかったんだな。こんな世の中になった日本国はありえないと思ったんだよ。だから、世の中が我慢できないほどになってしまったと判断した時、見て見ぬ振りのできない信長が〝鬼になる〟ことを決断するという、潜在意識層にあるスイッチを押したんだね」

「本当に優しいからこそ、鬼になることができたのですね。すべてがやり直せる命であると知っているからできるんですね」

「そうだね。〝鬼になる〟ということは、平和な社会をつくるには反対勢力は破壊させなければいけない。それを可能にし完成させるためには、ひとりではできないことは明白なことであり、そのために天界で、それぞれの役割を約束してきた出会いが起きることも、準備されていたからね」

「天界での計画と配役ですね。私もユリウスに望まれたことで、ワクワクします」

「信長は人を動かし人の本質を見抜く力を誰よりも持っていて、当然、彼には周りの人には見えないものが見えていたり、まるで見えないものとのやり取りで話をしているような超感覚があったんだよな。

ムーや縄文の頃のような平和な波動を受け継いだ後に、日本人特有の遺伝子を持つ『サンカ』と呼ばれる人々を探し出した中に、信長ひとりではできない役割を持った秀吉《ひでよし》や家康《いえやす》、光秀《みつひで》、濃姫《のうひめ》と出会ったんだよ。なぜなら、サンカは縄文の波動を受け継ぐ人々だったし、ましてや信長は、以前に日本で偉業を成した空海（ユリウス）であったからね」

「そうですよね。では、私に与えられた配役はもしかして濃姫？」

「そのとおりだよ。どうしても信長のそばに濃姫の存在は欠かせない。なぜなら、ユリウスと麻耶の愛の再会として、麻耶が信長の嫁・濃姫として出会う約束をしていたからね。信長は誰よりも信長の思いを理解するお濃（麻耶）にそばにいてほしかったんだよ」

「お兄さま、私は、空海と厳子の出会いでどれほど素晴らしい神宝を授かり、ふたりの使命がどれほど大きなものであったかを天空の城で知らされ、その頃の記憶が身体中の細胞から蘇《よみがえ》り、どれほどありがたく感動したかわかりません。その思いをまた抱いて、日本の大切な戦乱の時代に信長の妻としてユリウスに会えたのですね。とてもその先を知りたいです」

「信長の助けをするために僕（レナード）は光秀として生まれ変わったんだよ。まさに、宇宙の法を知る知恵袋のような役割だったんだよなぁ……」

「お兄さま、その言い方、とても楽しくて笑えてしまうわ」

「このサンカといわれる人々の血筋は、ムー・レムリアの時代から霊的なもので絶えず繋《つな》がっていたからね。そのため、特殊な超感覚も持っていたんだよ。他の人から見れば、そんな信長は実に奇行に映っただろうな。まさに、チャネラーのような感覚を持っていたのだからね」

「チャネラーのような感覚の持ち主だったのね……」

「そんな中で信長は、日本という国で一番強くならなければと思っていたんだよ。信長は、敵に戦意を挫くことを敢えてすることによって、いかに恐ろしい存在だと思わせることが無駄な戦いをしなくてすむと考えていたんだ。一番強くなれば大きな抑止力になり、これまでのような理不尽な争い合いや暴力がなくなるだろうからね。だから鬼として戦いに参加することを選んだ中で、自分と同じサンカの感性を持っている、ともに同じ目標に向かって夢を叶《かな》える約束をしてきた人たちを見抜くことができたんだ。後に信長が選んだ者たちに、自分が何を目標に日本の統一をしようとしているのか、信長の信念を打ち明けていくようになるんだよ」

「縄文の波動を受け継ぐ、サンカの感性を持った仲間たちですね」

「信長が十五歳くらいの頃、織田の家には人質として六歳くらいの家康が来ていたんだ。信長と家康は九歳も歳が離れているのにとても気が合い、本当の兄と弟のようだったんだよ。なぜなら、家康はサーシャーが生まれ変わっていたんだよ」

「お兄さま、サーシャーお姉さまが家康だったんですか⁉　すごい役割を引き受けたんですね。びっくりです」

「サーシャーはね、実に忍耐強い性格を持っているんだ。だから、役割としては向いていたんだな。信長はユリウスだから、サーシャーの個性をとてもよく知っていたんだよな」

「えぇー、驚きました。またサーシャーお姉様を見直しました」

「信長は、家康にさまざまな学びや剣術などを真剣に教えていったんだ。『今のような世の中ではなく、みんなが平等で平和に暮らせる世の中にしたいんだよ。そうしたら家康、お前も人質になったり、お母さまから引き離されるようなこともないのになぁ』と常に話していたようだよ。その二年後、家康は別のところにまた人質として移され、しばらくの間別々に生きていたんだ。

その頃、もうひとり信長にとって何としてでも出会いたい相手、それが濃姫との出会いだったんだよ。それが実は、最も運命的なユリウスと麻耶との再会だったよね」

「いよいよ、私とユリウスの再会ですね」

「信長は、どうして斎藤道三《さいとうどうさん》の大切な娘である濃姫と婚姻できることになったかというとね、濃姫の父・斎藤道三と初めて会ったときに、信長が決してうつけじゃないことを、道三が見事に見抜いたからなんだよ。道三自身も武家の出ではないし、サンカの血筋を持っていたからね。戦国大名になるためによほどの苦労を重ねた人物だったよ。その頃は、力がものをいう時代だから大名にもなれたんだ。道三は最初僧侶であったそうだ。それから油商人となり財をなし武力を備えてきたとされている。だからこそ、現状を把握する力と人を見る目もあったんだ。その眼力で信長を見て、この男はすごい未来をつくりだすと見抜いていたのさ。それで将来性に惚《ほ》れて、濃姫を嫁がせることにしたんだ」

「道三は、なかなかの人物だったんですね」

「このように、始まりは親の決めた政略結婚だったんだ。しかし、濃姫は、信長の大きな夢・目標を聞かされていくうちに、信長はなんて綺麗《きれい》な魂を持っている人なのかと好意を持ち、一緒に何があっても助け合って生きていこうと決意したんだ。信長と濃姫は常に本音で話し合ってくれたんだよね。ふたりが出会えたから、信長は世界統一をするために心を鬼にできたんだ」

「この時代は日本にとって本当に大切な時代だったんですね。他国からの侵略の恐れもあり、まずは自国を守り、統一することがとても大切なことだったんですね。そして、濃姫としてユリウスを支えることができた、ということを知ることができて、とても幸せです」

織田家の後継者となった信長は、天下統一の第一歩を踏み出す

「その頃の幕府の状況を知ろうとして、信長が京都へ向かったときのこと。十三代将軍の足利《あしかが》義輝《よしてる》に会いにいくと、そこで信長は幕府の為体《ていたらく》ぶりにほとほと嫌気がさし、国のことを大切に考えていないことに怒りを覚えたんだよ。これはもう自分が天下を取るしかないと信長は決意したんだ」

「ついに、天下を取る決心……」

「『たかだか尾張《おわり》の頭領になったくらいで、偉そうに京へ上がり将軍にまで会いにいくなん

て、なんて生意気な……』と、その頃の信長を不愉快に思っていた人物は、今川義元《いまがわよしもと》だったね。そんな義元は、信長を潰そうと思い、信長に戦を仕掛けてきたんだね」

「これが、桶狭間《おけはざま》の戦いだったんですね？」

「そうなんだ。この今川との戦いは歴史に残るとおり、信長が勝利を収めたよね。そんな今川家に人質に出されていた家康は、表向きは今川勢に加わっていたのだが、家康の本心は信長に寄り添っていたんだよ。家康は、もはや人質という立場ではなくなり、故郷の三河《みかわ》に戻ることができたんだ。三河の頭領として信長と『清州同盟《きよすどうめい》』を結ぶこともできたし、ふたりはまた信頼を取り戻していったんだ。家康にとっても信長の理想の国づくりは同じ思いだったからね」

「そうですか。ふたりの出会いは、めでたしですね」

「ふたりはまったく違う性格をしていたのに、強い信頼で結ばれていたんだ。家康はおっとりとして信長の後ろにいる弟のような感じでね、忍耐強い性格だったんだよ。頭の回転が早く走りながら考える信長と、ゆっくり熟考しながら判断する家康はお互いを信じ切って、信長は斎藤の美濃国《みののくに》、家康は今川の駿河国《するがのくに》へと戦いに進んでいったんだ」

「お兄さま、家康がサーシャーお姉さまだったら、秀吉は誰が使命を持ったのですか？」

「麻耶はきっと驚くだろうな。その秀吉の魂と使命を受けたのは、希美《のぞみ》だったんだよ」

「えっ、本当ですか？　何でこの時代に娘の希美が秀吉の大役を受けたんですか？　あまりにも驚きます。お兄さまはどのようにお考えですか？」

「麻耶は、希美がそれほどすごい機転を利かせられる能力を備えているということを、まだ理解していないのかもしれないね。後々もっと、希美がどれほど大きな役割を担ってきたかがわかるからね」

「はい、お兄さま、驚いています」

「秀吉は信長の気持ちを汲《く》みとり、信長が望むことなら命懸《が》けで何でも叶《かな》えようとする他の人にはない素晴らしい機転を利かせ、庶民的な能力を発揮できたんだよ。信長はもともと権力や力を否定していたから、農民の出身である秀吉の活躍を高く評価し大切にしたんだ。

信長はそんな秀吉や家康、また身近で見事な知性の持ち主であった光秀をとても信頼し、大切にしていた。だから、濃姫も含めこの四人は絶えず信長が何を目標にし何を理想にしているのかを聞きながら、いつも互いの考えを語り合ってきたんだよ」

「本能寺の変」の驚くべき裏のカラクリとは？

「信長は、天下統一が可能になったときには、自分は人知れず濃姫とともに誰に知られることのない田舎に籠《こも》り、大自然の中で静かに自由に命を全うしたいと考えていたからね。その考えは、絶えずよく理解し合える濃姫がそばにいてくれることにより、信長の未来の構想ができ上がったんだなぁ……。また、信頼できる後の世を任せるに値する者たちにもその考えを伝え、絶えず話し合ってきたんだよ。いわゆる、最も重要な作戦本部のようなものだよね」

「作戦本部――天下統一に向けて緻密に計画を立てていたのですね」

「信長が理想としていた日本という国を天下統一できる段階になったことを確信できたとき、いつも信長の理想的世界をともに話し合ってきた光秀、家康、秀吉、濃姫と、とても重要な決め事を実行する段階になってきたんだよね。

将来の日本で天下統一を誰に任せるか、信長は権力や富や力ではなく庶民がいかにして助け合い、穏やかに平和に暮らすことができるかを熟考した結果、その生き方を一番体得している秀吉に任せたいと話したんだよ」

「まぁー〝希美さ〜ん、ご指名で〜す！〟失礼しました……秀吉さんの使命ですね‼」

「あっはっは……」と、レナード……

「信長は、自分が天下統一をなぜ治め続けてはいけないかという理由に、自分は武家の出身だからそれでは今までの世界と変わりない武家の争いの世界になる、と考えていたんだよ。信長は、『新しい国は平等であるべき！　それには秀吉は機転も効くし、行動力もあって戦いにも強い。そしてどんなに偉くなっても人々に向かって偉ぶることなく、庶民の気持ちを汲《く》みとることができる』と判断したんだ。民衆にとってもこれまでとても秀吉は人気があったからね。だから信長は自分の後に、秀吉に天下統一を任せることに決めたんだ」

「天下統一への結末を、武家の出ではない秀吉に託すことが、信長の理想だったんですね」

「信長が家康と光秀に、くれぐれも言い渡したことがあるんだ。それは秀吉の天下統一以後のことで、天下統一を平和的に保ち続けるためには『国を治めている者が、世襲制にしてはならない！』との決め事だったんだ。そのことを知る家康と光秀、もちろん秀吉にも、必ず約束を守らせるようにと、くれぐれも言い渡したんだよ。そのために、家康は秀吉の後見人として理想の国づくりが続くように協力していくとの固い約束を秀吉と光秀とともに確認し合ったんだ。それは信長の理想のための役割であったからなんだよ」

「世襲制を完全に撤廃させようとしていたんですね。その後のことについてはどう考えていたのでしょうか？」

「『自分は濃姫とふたりで、誰にも知られることのない自然の場所を選び、静かに暮らしたいんだ』ということも信長は伝えたんだ。そのためにどうやって自分が消えることができるかを光秀と信長は真剣に話し合ったんだ。

光秀には、信長を敵にする不忠者である、ということの役割を認めさせる話をしたんだ。光秀は本能寺の変を企て、信長を殺害し裏切り者になるというこの相談を、『熟考させてください』と信長に返事をしたんだよ。家臣、一族すべてを裏切り者とするには、よほどの決断が必要だったんだよね」

「お兄さま、そんなとても重要で辛い役割を任されるなんて、お兄さまの立場に立って考えてみるととても苦しくなります。光秀が信長を殺め、裏切り者になるという話を受け入れた結果、光秀は後にどうなるのでしょうか？」

「麻耶、それはね、見事な計画ができていたんだよ。
信長が本能寺の変でどこからも死体が見つからなかったという、その歴史的異変は、長く人々に語り継がれていったよね。そして、信長が本能寺で光秀に討たれた後、一番先に駆けつけて信長の仇《あだ》を討つのは秀吉に決まっていたのだが、裏切り者の光秀は秀吉軍の追手《おって》の中で見つけられ殺害されたという、歴史上の通説になっているよね。
でも実際には、家康が『本能寺の変』のすぐ後に迎えを出して、光秀を匿《かくま》ったんだよ。後の計画として、光秀の知性を生かすことができるように『日光東照宮』に匿《かくま》う方法が決まっていたんだ。光秀は未来の天下統一がいかに理想の国づくりとなるのかを見届ける〝隠者〟としての力を発揮することになったんだよな。だから今でも、日光東照宮には明智家の紋がどこかにあるんだよ」

「光秀は本当は生きていたのですか⁉　見事な計画ですね」

「光秀は、信長の理想を知るがゆえに、明智家を社会の中で裏切りの汚名を着せることを一番に悩んだのだが、自分の運命としてそれを受け入れたんだ。それとともに、それで天下が治まりすべての人々が幸せになるならと、自分は僧侶となり一族の汚名と明智族に謝罪のための日々を過ごすことを決意したんだよ」

「当時光秀だったレナードお兄さまにとって、その決断はとても勇気のいる大変な決断でしたね。家臣や家族の人々がどのような運命になるのか、よほどいろいろお考えになったと思いますが、家族などのご守護はその時できたのですか？」

「そうだな……その役目を引き受けるのは、やはり自分にしかできないだろうと決意したんだよ。その本能寺の戦いに向かう前に、自分の家族をこっそり人に知られることのない土地に逃していたんだ。それには家康や秀吉の力も借りていたよ」

「本能寺から逃れた後、私たちはどのような生き方をしたのですか？」

「それは麻耶とユリウス、愛し合うふたりの望んでいた蜜月の静かな生き方ができたんだよ。本能寺から逃れた後は、信長は濃姫と数人のお伴の者とゆったりと幸せに、長野の山奥の自然の中で暮らせたんだよ。そのときに男の子が生まれたんだよ。麻耶は驚くだろうが、今麻耶のそばにいる健がふたりの間にできた子供なんだよ！　幸せなその生き方を、虹の王国のファミリーたちはみんなとても喜んで祝福していたよ。なぜなら、麻耶が生きた歴史の中ではいつも、結花や希美や健がそばにいたからね」

「えぇー、男の子が授かり、それが今の健なのですか……？　ドキドキしています。とても幸せな生き方ができたのですね。そんな魂の絆に感動しました」

「その後、秀吉が一介の農民から天下統一に王手をかけたことに対し、許せない思いで戦いを挑んだ柴田勝家《しばたかついえ》や、さらにプライドの高い大名たちもいたからね」

「秀吉に待ったをかける人たちですね」

「また光秀は、殺害された、あるいは自害した後に、南光坊天海《なんこうぼうてんかい》と名を変えて、信長の理想などを秀吉や家康に伝えるなどの補佐をしていたんだよ」

「天海僧正が光秀——お兄さまだったの？　本当にすごい知恵袋でしたね……うふふ……」

「そんなとき秀吉は、絶えず家康に相談を持ちかけ、ふたりが手を組むことによってどんな敵も逆らうことができない時代をつくったんだ。なぜなら家康が、秀吉の臣従の要求を呑《の》んで家来になったということが、何よりも秀吉の天下統一を助けることになったからね」

「家康が約束を守り、秀吉の家来になるなんてすごいことですね……」

「秀吉は、庶民の暮らしを豊かに取り戻すために『太閤検地』――全国の土地を把握して複雑な土地所有関係を整理――を行い、荘園制度を崩壊させていったんだ。また『刀狩令』を出して農民が武器を持つことを禁止したね。そのため、農民たちは農業に専念することができるようになったからね」

「すごい、検地と刀狩令……」

「次に、全国の家族単位・人数・男女・職業などを明記した書類をつくり、それは見事な戸籍となったんだ。そこで国が管理するものとして、年貢米を納めさせ一部の力を持っていた者たちが好き勝手ができなくなったんだよ。

その政策により信長が最も望んでいた、武士たちの勝手な戦いに巻き込まれ苦しむことがなく食べることに困ることのない農民が、豊かな国づくりに専念できるようになったからね」

「農民たちが農業に専念できる世になったのですね。素晴らしいです」

「こうして秀吉は、信長の望みを継ぎいい仕事をしてきたんだよ。それでも、どうしても信長との約束を守れないことが起きてきたんだよ」

「もしかして、世襲制ですか？」

「ご名答！　信長は、血筋による家督相続ではなく、真に能力、適正な役割ができる者、次の時代を担う世継ぎを選ぶことを秀吉、家康、光秀に固く言い残していたからね。秀吉もその思いを了承していたのだが、淀殿《よどどの》への愛に弱さが現れ、望みをわが子とともに叶《かな》えたくなったんだね……。やがてそれを諫《いさ》めるために、家康がさまざまな策略を通して天下を治めることになったことが、まさに歴史の中ですべての人々が承知しているとおりなんだよ」

秀吉と大航海時代の覇者「太陽の沈まぬ国」との経緯《いきさつ》とは？

「縄文時代の平和な軽いエネルギーの世界は、自分たちが生息しづらいので許しておきたくない――そんな日本を破壊したい――と、世界を支配しようとしている者たちが、鎖国をしている日本に対し侵略を開始するんだ。人々を支配し争わせ、重くて低い〝感情〟のエネルギーで世界を溢《あふ》れさせたい支配者たちは、すでに弱い世界の国々をすべて侵略し統治していたんだよ。人類を奴隷化し苦しめるアトランティスのような国々を治めていたレプティリアンや、その血を引くハイブリッド（交配種）たちが、日本をなんとか侵略したいと、貿易などのさまざまな策略で近づいてきたんだ」

「嫌な予感がしますね⁉」

「一五四九年、イエズス会からの指令を受け、スペインからフランシスコ・ザビエルが宣教師として日本にやって来たんだ。上陸当初、宣教師たちは、こんな小さな日本という国はあっという間に植民地にできると思って来たんだよ。中国・明を征服する前の足掛かりくらいに考えていたんだ」

「日本を非常に甘く見ていますよね⁉」

「彼らが持ち込んだものは鉄砲のサンプル品だったんだ。なぜなら、日本は大量の鉄と日本刀や鎧などの製作で極めて高い製鉄技術を持っていたからね。この鉄砲をスペインからたくさん持ち込み売り込むことを最大の目的としていたんだ。

ところが、日本は当時のサンプル品を参考に瞬く間に複製し改良を加え、ついに五十万丁を超える莫大な数の鉄砲を量産したんだよ。この時代、鉄砲を持つ国の軍事力を表すには、その数が指標となっていたんだ。そうして日本は、世界最強のスペイン帝国を超えるほどの軍事力を持ったんだよ」

「そんなに短い期間に、世界最強のスペイン帝国を恐れさせるような鉄砲をつくり出せる力を持っていたんですね。本当になんて素晴らしい知性と技術力なんでしょう」

「それはね、何よりも信長の知性と裁量があったからなんだよな。信長がなぜ日本を制覇できたかというと、この鉄砲の力を最大限に理解して使えたからなんだよ。この力は信長亡き後も、秀吉、光秀、家康へとしっかり受け継がれていった結果だったんだよ」

「信長さまのチームワークと団結力だったのですね！」

「日本は、弱小の『植民地支配』の対象から、悪夢を見るような『恐怖の国』に変わったんだ。次々と植民地を拡大、圧倒的な勢力を誇っていたとされる西洋、その中でも最大の力を誇り植民地を持っていた『太陽の沈まぬ国』といわれたスペイン帝国から、日本はとても恐れられてしまったんだよ。まさかこんな小さな国がここまで大量の鉄砲を所持する技術を持つなんて、思いもしなかったんだよな」

「まぁー、すごい歴史の真実ですよね！　それでその当時、注目すべき秀吉の対応は何かありましたか？」

「秀吉は配下の諸大名による遠征軍を組織した『朝鮮出兵』で、朝鮮半島上陸からたった一日で主要城を陥落させ、一月《ひとつき》で首都を占領できたんだ。そしてわずか二か月で北朝鮮の最北部を占領してたんだよ」

「それが歴史に残る朝鮮出兵でしたか……」

「だから秀吉は、スペイン帝国に日本に服従するようにと要求する書簡を送っていたんだ。するとスペイン帝国は、大航海時代の覇者としてのプライドを捨てたかのように、『非常事態宣言』を出し、フィリピンなど日本の近くの領土に『戒厳令』を敷いたとされているよね。さらに、秀吉への返事の書簡で、スペイン帝国はゴマを擦《す》り、ご機嫌とりにたっぷりの贈り物を添えたとされているよ」

「信長と濃姫がいない時代に、これほどまでに秀吉に力を与えたのは光秀さまのお力だったのでしょうか？」

「そうだな。当然秀吉だけではなく家康の力もあったから、そのふたりのおかげでその時代に秀吉が表舞台で活躍できたんだよ。

なぜこれほど優れた製鉄技術や知性を持っていたかというと、信長をはじめ光秀、家康、秀吉はすべてサンカといわれる民であったからなんだ。当然、日本という国を二六〇年守る礎《いしずえ》を築いたのは、虹の王国や銀河連合からの力がいかに日本に注がれていたかがわかるよね」

「最後、家康が信長の理想的な天下国家をどのように引き継ぎ治めることができたのでしょうか？　私が知っている歴史の中に伝えられている江戸幕府を支えてきた家康は、かつてのムー・レムリアの民のようにとても助けあい、自由な社会をつくっていたと語られていますね。

お兄さま、このような大和の国を大切に治めることができる宇宙の法則や叡智《えいち》などは、どこから得られてきたものなのでしょうか？　お兄さまはご存知でしたら、ぜひ知りたいです」

「麻耶、そうだよね。なぜ虹の王国のファミリーたちや銀河連合の有志たちが、この日本という国を大切に守ろうとしてきたのか？　その中に麻耶の知りたい答えがあるよね。

それは、地球がまだこれほど劣等的宇宙人たちに支配されていない何万年も前の話なんだよ。その頃の地球にはとても優れた宇宙種族が、周りも羨むテクノロジーを持って文明をつくっていたんだが、やがてそれらに関わっていたかつてのプレアデス星の種族やシリウス星人たちが地球を離れたときに、残されてきた種族たちなんだよ」

縄文時代の人々はどのように愛し合い、種族を守り合ってきたのか？

「今から一万二千年も前に縄文人といわれる種族の叡智《えいち》は、かつて地球を治めていた宇宙の知恵を引き継いでいたんだよ。それはどんな生き方と習慣になっていたかについて、麻耶は知りたいよね」

「はい、なぜそんなに女性が素晴らしい存在なのかを、ぜひ知りたいです」

「その頃の縄文人の暮らしの中では、女性性が最も優れているとされていたんだ。なぜなら、一つの集落は十五〜二十人程度であり、その構成員は血縁者が中心であったとされていたんだ。そのため、集落内での恋愛はタブーとされていたから、男性は他の集落から来た『子種を提供してくれるだけの来訪者』という存在だったんだよ。他の集落から集まる出会いの場として、祭りなどが貴重な機会だったんだ。

男性はほとんど、自分の集落にいるよりも狩りをするために時間を費やし、滞在先にキャンプを設営してきたともいわれているんだ。女性の仕事は『土器づくり』や『木の実などの採集』だったんだ。交易の場で出会った男女は強い子種を残すために、互いが惹き合った相手と自由に交わることが一般的だったんだよ。その交わりも隠れてではなく、実におおらかだったんだ！」

「えっ、そんなに……この時代の人々は、相手と子種を残すことが自由に許されていたんですね⁉」

「そうなんだよ。その頃は平均寿命が現代よりもとても短かったために、十五歳以降の女子が二年に一回出産していなければ、共同体としての人口が減り、滅亡する可能性があったんだ。なので、女性たちはハイペースでの出産を強いられていたんだよ。このような状況下では生まれた赤ん坊は基本的に母親は大切に育てていたのだが、出産後のケアや子供の世話は集落の人々が当然のように助け合ってきたんだよ」

「現代より平均寿命が短かくて、子孫を残すのに苦労していたんですね……」

「また、麻耶が驚く話があるんだ。この時代の人々の体力が現代人とは比べ物にならないほどあったとされているけど、なんと縄文人たちの男女は、一晩中、時間をかけて愛し合っていたんだ！」

「えぇー……それはびっくりですね‼」

「その理由は、男性は〝簡単に精子を漏らしてはいけない〟という『宇宙の叡智《えいち》』が伝え残され、引き継がれていたからなんだ。なのに、なぜ子種があったのかというと、オーガズムに達することのないように、男女ともにコントロール（自制）することができていたからなんだよ。その一晩中愛し合い交わることにより、クンダリーニ、チャクラ、オーラは活性化して、オーガズムによらずに自然に漏れ出た精子――〝錬金〟された種――が宿されることで、授かる子供の遺伝子は見事に強く優れていたんだよな……!!」

「お兄さま、本当に驚いています。このような宇宙の叡智《えいち》などを引き継いでいる他の国の人々は他にもいたのでしょうか……?」

「女性性が優位の時代のこのような大切な叡智《えいち》が、残念ながらこれまでの地球では見事に封じられてきたんだよ……。なので、虹の王国や宇宙の奉仕者たちは日本を守ろうと、縄文時代からずっと関わってきているんだよ! 麻耶も知ってのとおり、引き継がれていこうとする最も崇高で大切な叡智が、やがて麻耶が祭祀《さいし》王として生まれていた時に魂に引き継がれていたんだ。また、リチャードが統治王として存在していた時代には、男女ともに生命の永遠性の知恵がこの秘宝にあることを理解していたから、どんな争いごともなく、平和な民族が助け合い暮らしてこれたんだよ。この喜びを交流する日常では、戦争なんて何の意味も持たないからね」

「私が祭祀《さいし》王として存在していたときには、このようなとても大切な宇宙の叡智《えいち》を知っていたのですね。そのことを確認できて、とても感動しています。お兄さま、ありがとうございます」

民衆が自由に生きることを楽しめる社会のあり方を、家康は考え出した

「その法則と叡智《えいち》がやがて空海の偉業や、また信長などの時代にも引き継がれてきているんだ。家康がサーシャーだったことを麻耶は知っているよね。また、信長はユリウスであり、麻耶は濃姫として関わってきたよね。光秀は僕だったんだよ」

「そうですね、とても驚く壮大なドラマですよね……」

「だから、家康は光秀とともに風水のことや、どのように国々の大名を収めることで争いがなくなるかなどの最も重要なアイデアや知恵などを相談し、大名たちが戦いを挑み合うのではなく、江戸に参勤交代をする大名たちの家族なども置くという、見事なシステムができ上がったんだよ」

「お兄さま、さすがですね。参勤交代のアイデア、すごいですね」

「光秀と家康がなぜこのような叡智《えいち》を持っていたのかと考えると、人間というものの弱さや

欲、また豊かさを求めるがゆえに、自信のなさからくる人々の恐怖心、それらを実によく熟知していたためにできた計画だったからね。
それはまさに麻耶も知っているとおり、後にサンカの民といわれるムー・レムリアの最も平和を体験した宇宙的種族の精神を受け継ぎ、天界からの見守りや日本の国という大きな使命を担う歴史を守りたかったために、虹の王国からそれぞれの役割を持って参加しているからこそ、できたことだね」

「人間を熟知した計画と宇宙からの助けもあって、日本を守る役割だったのですね」

「家康は世襲制ではなく、大奥というものをつくり、そこに全国から最も優れた子供を集め、大奥で教育して育てたんだよ。
かつての時代に活躍した空海や真名井御前が学び得た『真言密教の真理』を生かすことのできる知性を大奥という場所に備え持っていたからなんだ。また、その〝聖なる性〟の秘宝を知る家康自身もたくさんの女性たちにわが子孫を残す努力を大奥でなしたからね。世のために長生きの秘訣《ひけつ》も学んだよね。だから家康はあの時代で長生きできたんだよ」

「お兄さま、サーシャーお姉さまが家康だとお聞きしましたが、そんなにすごい大奥の中で子孫をたくさん残せるエネルギーを使える力がおありだったんですね。麻耶は少しびっくりしています。サーシャーお姉さまは、この時代に家康を引き受けたことを、今はご存知なのでしょうか？」

「麻耶、今度サーシャーに会えたら、この時代のことをいろいろ聞いたらいいよ。きっと面白い話になると思う。また、この時代に麻耶やユリウス、また希美や僕たちが活躍した時代が、やがて未来の日本がいかに世界の中で重要な役割を持つ国になるかが、きっとリアルにわかると思うからね」

「サーシャーお姉さまにお会いするの、とっても楽しみにします」

「家康は、民衆が自由に生きることを楽しめる社会のあり方を考え出したんだよ。その中ではまさに縄文時代のように、男女の愛の自由さが語られているんだ。例えば、絵や文字を描くことや、自由な芸術文化を振興させたんだ。その中に、今でいう歌舞伎のような世界に通じる『芝居小屋』なども民衆の中で華やかだったんだ。

性に関してはとってもおおらかで、大衆浴場は男女とも混浴が許されていたし、まさに自由に愛し合い、夜這《よば》いまでも許されていたような時代だったんだよ。自由な愛から生まれた子供は長屋全体で見守り、家族のように自由に育てられたそうだよ」

「とってもおおらかな世界だったのですね」

「まさに家康と光秀との平和で豊かな政策により、日本を世襲制ではない優れた者たちに治めさせ、二六〇〇年もの長い間、縄文時代のような平和で軽いエネルギーの世界は続いたんだ。彼らを天界で見守った宇宙からのライトワーカーたちの愛と知恵が、どれほどこの日本を守り通してくれたのかが、麻耶はわかったかい？」

「お兄さま、すごい時代にお互いに命懸《が》けで使命を持ち、役割を果たしたのですね。けれど私が思うに、それからまた時代が移り変わり、とても醜い争いごとや戦争なども起きてきました。そして、大切な宇宙の真理が理解されずにたくさんの人々が迷い苦しんでいるこの時代に、私が生まれ、子供を育て、生きてきた意味——それをもっとちゃんと知りたいです。まして、何よりも大切な結花が信頼していたボーイフレンドに裏切られ、生きる気力をなくし死ななければならなかった現在の学ぶべき役割とは一体どんなことなのか、またこれから何をなしたらよいのか本当に知りたいです」

なぜ結花が悲しい死に方をしなければならなかったのかを、麻耶は知るのです

「結花がなぜ、あのような悲しい死に方をしなければならなかったのか？　麻耶はその理由を知りたいよね……？」

「お兄さま、教えていただけるのでしょうか？　絶対に知りたいです。どんなことも正直に教えていただけると私も結花も救われます。教えてください」

レナードはびっくりする物語を話し始めました。

「結花は麻耶の生き方とも当然似ているんだけれども、虹の王国から魂が地球に降りているためにたくさんの時代に生まれ変わり、男性や女性になってきたんだよ。そんな中で、武士の時代を最も確立させ尼将軍と称された、北条政子《ほうじょうまさこ》の人生があるんだよ」

「北条政子ですか……？」

「その頃の天皇家はあまりにも国を治めるには軟弱で、いつも争いの絶えない時代だったんだ

よ。政子は伊豆《いず》（静岡県）で役人をしていた北条時政《ほうじょうときまさ》の長女として生まれたんだよ。政子の弟には北条義時《ほうじょうよしとき》がいて、当時、父の時政は、京都から伊豆へと島流しにあった源《みなもとの》頼朝《よりとも》を見張る仕事をしていたんだ。政子は頼朝と恋愛関係になり、やがてふたりは結婚するんだ」

「えぇー、すごい意志を持っていたのですね……」

「ところが、当時の頼朝は罪人という立場だったため、父親の時政は政子の結婚に大反対したんだ。時政は娘と頼朝が結婚することで、平家から目を付けられるのが嫌だったんだよ。だけど、時政らの反対を押し切ってふたりは結婚。後に頼朝は平家を倒すために立ち上がるのだが、後には引けない時政は頼朝をバックアップし弟の義時も頼朝に協力して、ついに頼朝は平家との戦いに勝利するんだ。政子の意志の強さと、北条家の力強さを感じるエピソードだよね」

「すごいエピソードですね。平家から目を付けられても、北条家と頼朝の結束で勝利できたなんて、驚きます……」

「政子は頼朝との間に四人の子供を産んだんだ。長女の大姫《おおひめ》が生まれたのは一一七八年。長男の頼家《よりいえ》が生まれたのは一一八二年。次女・三幡《さんまん》は一一八六年で、次男・実朝《さねとも》は一一九二年に生まれたんだ。このうち長男の頼家は鎌倉幕府の二代目の将軍に、次男の実朝は三代目の将軍になるんだよ。……けれど、この四人の子供は、すべて政子より先に亡くなっているんだ。特に長女の大姫は、婚約者である源《みなもとの》義高《よしたか》が頼朝に殺されたことで心を病んでしまい、わずか二十歳で亡くなってしまったんだよ」

「四人の子供は、すべて政子より先に亡くなっているんですか……」

「不思議な話を聞くと思うが、源義高は、ある惑星から来ているライトワーカーだったんだよ。政子の娘・大姫を愛するようになり、ふたりは愛し合う恋仲となっていたんだよ。頼朝の従兄弟にあたる源《みなもとの》義仲《よしなか》の嫡男・義高《よしたか》と大姫《おおひめ》は又従兄妹《またいとこ》にあたるんだ。大姫の大事な恋仲の義高は、大姫の父・頼朝と対立する敵側として、義高の父・義仲が討たれた後に殺されてしまうんだ。理由はともあれ、どれほど心を傷ませたのか、大姫は二十歳で亡くなってしまったんだよ。その出来事の辛さを克服できない義高はやがて風魔《ふうま》の忍者にウォークインして、源頼朝が鷹狩《たかがり》りに出ている時に、馬上から落ちて呆気《あっけ》なく亡くなってしまうように恨みを晴らしたんだよ」

「恨み骨髄に徹す、ですね。びっくりしました。世の人々には知られていませんね!?」

「なぜそのようなことが起きるのかというと、これは今話を聞いている麻耶にも当てはまる話なんだけれども、とにかく愛を交わせる相手は、たとえどんな時代に生まれても、魂が納得できない選び方が何よりも辛くてできないからだよ。それは虹の王国から来ているためだからね」

「私にも当てはまる話ですか!? やがて恨みをかったドラマが出てくるのかしら……?」

「けれど、たくさんの地球での生まれ変わりをとおして男であれば誰にも負けない命懸《が》けの戦いをし、また女性であれば意に沿わない相手と愛し合うことは、最も辛く苦しい出来事だったからね。そのために、周囲から嫉妬され恨まれる事ごとが、〝原因結果の法則〟として背負ってこなければならない運命を持ってきたんだよ。だから、大姫と愛し合うことができなかった義高は頼朝に復讐したんだよ。

歴史の中ではまさかと思えるドラマの中に、どれほど報われなかった愛は……、また信頼していた相手に裏切られてしまう苦しみは……、体験した人の忘れられないカルマとなって、解消されることが難しいんだよな」

「すごく怖いドラマですね。人の想いの強さに驚きます……」

「そんな中で結花は北条政子として生まれ、頼朝が成し得なかった武士の時代の確立をどれほど命懸《が》けで為そうとしたか、さまざまな形跡が残されているよね。最もその武士の時代を確立するためには、後の信長のように心を鬼にしなければ決して成し得なかった大業《たいぎょう》だったよね。その大きな使命を最も助けたのは、弟の義時だったんだよ。それが今の麻耶のそばにいる健とリチャードが一つになってこの日本の国の土台を築き守るために、頼りない天皇家を他所《よそ》に、やがて信長や家康、光秀、秀吉に繋がっていく土台を築いたんだよ。

ただ、この一大事業を成し遂げるためには欠かせない、宇宙人たちの一族が参加していたんだ」

「結花がそんな大きなお役目を引き受けたんですか。また、さらに過酷な運命を背負うことになったのですね。本当に驚いています」

風魔一族の五代目・風魔小太郎の正体と波瀾に満ちた生涯とは？

「義時に使われている初代北条早雲によって配下として評価された、風魔一党の忍者たちがいたんだよ。風魔一族の配下には約二百人の忍者集団がいて、伊賀・甲賀などの忍者の一族はさまざまな大名からの依頼を受けて各地で活躍していたのだが、風魔一族は代々、北条家という特定の君主にのみ仕えてきたんだよ」

「忍者の一族で、北条家だけに仕える『風魔一族』ですか……!?」

「波乱といわれる戦国時代に小田原北条氏について記された『北条五代記』によると、五代目・風魔小太郎の外見は身長二一八センチもあり、筋骨隆々とした体格の大男で、頭は七福神の『福禄寿』のように長く、鼻は高く、黒髭《ひげ》を蓄え、口からは牙が四本も飛び出していたそうだよ。その風貌は一度見たら決して忘れることができないとされているんだ。だから、北条早雲に認められるほどの乗馬技術が優れている一団として大陸から騎馬民族として渡ってきたのではないかともいわれているんだ」

「高身長で頭も鼻もデカくて、髭《ひげ》の狭間《はざま》の口から牙が飛び出して、すごい風貌ですよね……」

「麻耶、この風貌を聞いて何か不思議なイメージが感じられないかい？　この化け物のような風魔小太郎は、実はレプティリアンだったんだよ」

「えっ……お兄さま、本当にそんなことがあるのですか。そのような存在がなぜ結花の死に関わってくるのですか？　本当に知りたいです！」

「実はね、麻耶。その頃から地球の地下に以前から基地をつくっていたレプティリアンたちは、〝感情〟と〝愛〟がわからない種族なんだよね。けれど、そのレプティリアンの一族の中にはとても立派な者たちもいるし、またなぜそんな酷いことが平気でできるのだろうと思う者たちもいるんだよね。その中で最も人間が持つ『喜・怒・哀・楽』の〝感情〟、また『人を愛する』という〝感情〟に執着を持つ者たちもいたんだよね」

「レプティリアンであって、人を愛するという、感情に執着を持つ者ですか……？」

「そういう一握りのレプティリアンの中に、例えば結花のように強い個性を持ち、また美しい容姿を持つ女性に懸想する者もいるんだよ。そんな物語で何度も近づいては愛されようとしたのだが、ことごとく嫌われ、すべてのプライドを失ってしまう存在がまさに、あの驚く容姿の小太郎のような存在だったんだよ」

「えぇ――……!?」

「けれど、日本の戦国の時代を武家の時代にするために、一番活躍し時代を変えたのは風魔一族、特に小太郎のような忍者が活躍した時代だったんだよ。彼らはまさに忍者集団の得意分野である、山賊、強盗、窃盗、火付け、強姦など闇の中で襲いかかり、敵を何度も混乱に陥れることに最も長《た》けていたんだ。『厳島《いつくしま》の戦い』（一五五五年）、『桶狭間《おけはざま》の戦い』（一五六〇年）と並ぶ奇襲は忍者のもたらした情報と作戦がまさに勝利を収めたんだよ」

「お兄さま、そのような忍者の驚く宇宙種族の物語があったとして、なぜ結花が命を落とさなければならなかったことに繋《つな》がるのでしょうか？」

「麻耶、そこが一番知りたいところだよね。この結花の話に関わることは、今世死ぬ前に麻耶にも課題が残されているということが、これから必ずまたわかるからね。
一五四七年、尾張国《おわりのくに》の織田信秀《おだのぶひで》とその継室（後妻）であった土田御前《どたごぜん》の間に、結花は信長の妹・お市《いち》の方《かた》として生まれてきたんだよ」

「まぁー、結花が戦国一の美女、お市の方だったのですか……」

「お市の方はとても聡明で戦国一の美女と称され、お市の念持仏である愛染明王《あいぜんみょうおう》が小谷寺《おだにじ》に納められているんだ。そのお市の方のあまりの美しさに、この時代の五代目・風魔小太郎は恋焦がれ、一族の者とともに絶えず認められようとさまざまな努力を重ねたのだが、当然恐ろしい容姿の小太郎などは恐れられ、侮辱的な言葉に傷つき相手にされることもなかったんだ。小太郎はなぜそのことが怨念《おんねん》になったのかというと、最もプライドの傷つく扱いや言われ方をされたことだったんだよ。小太郎は、『なぜこれほどまでに、自らのプライドを保つこともできないほど、傷つかなければいけないのか!!』となったんだ」

「レプティリアンの風魔小太郎が恋焦がれ、相手にされず怨念《おんねん》になった……!? お市の方（結花）、大変だぁ……でも怖かったのよね!!」

「小太郎は、表舞台で名前が残り歴史に知られる武士たちと違うプライドを持って存在していたんだ。自分たちの持つ力がどれほどすごいものかと証を立てるために、昼夜もなく、風魔一族たちとどれほど命懸けで戦いの戦略を立て、影の力として尽くしてきたことか……。けれど、やがて北条家が『小田原合戦』（一五九〇年）で豊臣秀吉に敗北し、主のいなくなった風魔一族は野盗に落ちぶれてしまうんだ。その結果、江戸幕府によって捕えられて処刑され、呆気《あっけ》ない最期を迎えたんだよ。

秀吉も家康もそうなんだけれど、愛の力を知らないレプティリアンのような忍者たちをどれほど影で使いながら、戦いを有利にしてきたかを知ると、それはまさに驚くほどの利用方法なんだよ。だから、そんな劣等感を募らせた宇宙人たちは、〝感情〟を理解できないがために恨みも持ち、地球人に酷い扱いができるんだよな。彼らのエネルギーは恐怖からでる強い刺激であり、巧みな洗脳とコントロールで姿も見せずにここまでやってきたんだ！」


「愛と怨念の狭間で、人生ドラマが大変なことになっていますね……」


「ここで大切なことはね、この地球で生きるには宇宙の法則を考えるとネガティブな記憶とポジティブな記憶の間の中道を理解し、すべてを許し、自他と一体であるということを理解する必要があるんだよね。愛のある強い人間には何もできない法則だからね。

また、神との繋《つな》がりとして、絶えず無駄なことが一つもないということがすべての人に理解されていくように法則はなっているんだ。どんな存在も麻耶の知ってのとおり、神様の分け御霊であり神の子だからね。

だから、地球を支配する宇宙人たちもこの地球で本当の愛とは何かを知りたがっているんだよね。その中心には誰と出会い、愛を理解できるのかが無意識にすべての人の魂の中心になっているんだよ。だからこそ、この地球にいて学ぶことも、すべての存在に許されてきたんだよな！　結花はいろいろな時代の負も背負ってたからね」

「お兄さま、結花はそんな素晴らしい活躍とさまざまな愛の記憶を重ねたがゆえに恨まれなければならない記憶の中で、今回結花の信頼したはずのボーイフレンドに成り変わった存在に酷いことをされたんですね……!?」

「それぞれの時代で起きたことは天界のアカシックレコードを見ると記録があるんだよ、と麻耶に伝えたよね。けれど、そこからさっき伝えた人と人との出会いによる愛や別れ、悲しみ、執着、恨みなどのこの特有の〝感情〟はどうしても明確に理解することはできないんだよね。麻耶はそのことを聞いて、少し僕が言おうとすることの意味がわかるのかな？」

「さすがに、なんて言葉にしたらいいかわからないくらいの驚きと衝撃を受けています。私がこれから子供たちを育て最も学ばなければならないことが、お兄さまの話してくれたこの〝感情〟という世界なのですね。しっかりいろいろと考えて学んでいこうと思います。

けれど、お兄さま、今回の結花の痛みは決してマイナスではなく、もっと素晴らしい答えを掴《つか》むことができるのですよね？」

「もちろん、当然だよ。もうすでに虹の王国でファミリーに囲まれて、天使のように幸せな状態でいる結花のことは、何も心配しなくていいからね」

「お兄さまはまた、この大切なお話を改めてお知らせくださるんですよね」

「麻耶、当然だよ。今ここの地球という星がどれほど次元を変え、長く苦しみ抜いた歴史を塗り替えることができるかが、最も重要な話になるんだ。だから、とても辛い生き方をしてきてその意味を探している麻耶や僕たちのファミリーがこれから関わる時代に、日本という国が特別な役割を持ち、人々の未来を導くことを成し遂げていくのは、まさにこれからが本番なんだよ」

「お兄さま、わかりました。また次回に大切なお話を伺える日をお待ちしております」

女神たる女性の愛と性が封じられ、過酷な仕打ちを受けてきた歴史を、麻耶は紐解きます

レナードから麻耶に連絡が入りました。

「麻耶のところに行こうと思っていたが、重要な使命が入り、イギリスまで飛ばなければいけない。なので、リチャードに連絡してあるから、麻耶と会話ができるように準備をしてほしい。またゆっくり麻耶に会いに行くからね」

麻耶はサーシャーから、リチャードと会話をしたいときは「マントラ」と「水晶」を用いて瞑想《めいそう》するように言われていたことを思い出し、子供が寝静まった後に早速、静かな状態で瞑想を始めました。

しばらくすると、リチャードからはっきりと伝わるメッセージが来ました。

「麻耶、とっても大切な学びをしてほしいんだ。なぜ、この度、麻耶がこれほど大変な宿命を背負い生まれなければならなかったのか。その理由は、この地球の支配者たちが数千年にわたってとても残酷なマインドコントロールをしていることに気づくためだからだよ。一つは『政治』であり、また二つ目は『宗教』であり、三つ目は『金銭』という呪縛でもあるんだ。麻耶はこれまで、ユリウスとどんなに大切な愛を体験してきたことか……。それは、切り離されてきた宇宙の源に地球の人々を立ち返らせる使命が、麻耶には与えられているからなんだよ。その大切な使命のために、五千年もの間、女性の存在が最も貶《おとし》められ、真実が封印されてきているのは、聖なる男女の性の真実が貶《おとし》められた世界に原因と答えがあるんだよ。だから、それがどのような扱いを受けてきたのかを学び出してほしいんだ。それができたら、僕とまた話して、もっと知りたいことを質問してほしいんだ」

「リチャードお兄さま、ありがとうございます。了解しました。

お兄さまが話してくださった世界を独自にどれだけ学んでこられるかわかりませんが、私にとっても結花が苦しみながら亡くなった理由も知りたいと思っていました。だから、いろいろと学んでみますね。またお兄さまに連絡して、質問や意見をいただきたいと思います」

「わかったよ、麻耶。待っているからね」

早速、これまでの歴史を紐《ひも》解いてみると、国家が売春を容認し、女性が身体を売ることがれっきとした商売とされてきた時代が、どれほど長い間続いてきていたかがわかりました。

そして売春とは、男性の誰もが利用できる「性産業」だったのです。

日本に「売春」という歴史が文献に初めて登場したのは奈良時代です。

万葉集の中に「遊行女婦《うかれめ》」という描写があります。

「うかれめ」または「あそびめ」とも呼ばれていたようですが、まさに身体を売っていた女性たちのことです。

「あそびめ」とは、かつて古き時代に神聖な巫女《みこ》のような者であり、その身体を抱くと汚れを清めるといわれていたそうです。

その頃の彼女たちは、天皇や貴族などの宴に招かれていた上流階級専門の娼婦《しょうふ》だったそうです。一般庶民は読み書きできなかった時代に、彼女たちはすべての人たちが惚れ込むほどの存在だったとされています。


やがて、平安時代から庶民向けの売春街が登場します。

その世界はやがて一大歓楽街として賑《にぎ》わいはじめたのです。


また、戦国時代の乱世になると売春の風潮はさらに広がるのです。

各地の戦場では地元の農婦や娘たちが武士を相手に身体を売り、京都などの都市部でも私的な売春が横行しました。

当時は性に対して市民も奔放であり、恥ずかしいという観念がなかったとされています。

さらに、年貢を払えない貧しい庶民たちは、娘を簡単に売春宿に売ってきたのです。

また、豊臣秀吉が天下をとった天正十一年（一五八三年）、道頓堀川の北岸あたりに遊郭《ゆうかく》を設置したそうです。その六年後には、京都の二条柳町にも遊廓を設置しています。

やがて、徳川家康が二条城を築城したことによって、日本三代遊郭の一つである島原の遊郭街もできました。

その頃、江戸の吉原も同様の理由でできていました。なぜなら、幕府そのものが女性たちの性というものの扱いを財源に変えてゆくということが平気で行われきたからです。

当時は、無許可での売春業を禁止されていて、摘発されれば厳罰が科されていたそうです。

中には、悪い男に誘拐されて連れて来られた娘たちもいたようです。

遊郭に売られた彼女たちの多くは七～八歳から禿《かぶろ》という女郎見習いになり、年季が明ける三十歳前後まで身体を売り続けるのでした。

多くの遊女たちはそのような運命があまりにも過酷で、二十代で亡くなることが多かったと伝えられています。

武士の世が終わり明治維新を迎えても、公権力による売春の管理制度は続きました。

売春営業から得られる税金は政府にとって最も貴重な財源であったためです。

女性の人権は相変わらず時代が変わっても踏みにじられ、単なる性の道具という認識が改められることはなかったのです。

麻耶はこのような文献を学び、女性にとってなんて辛くて残酷な時代が、いつまでも続いてきたのだろう？　と考え、胸が締めつけられるような思いになりました。

かつての古き時代は女性が女神で世を統治していたことを、麻耶は思い出すのです。それなのに、なぜこれほどまでに女性の価値が落とされ、辱められ、これほど苦悩することになったのか？　そこに理解できないほどの傷みを感じるのです。きっと答えがどこかにあるはず！と思うのです。

またこの地球という星では、本来神の子であり〝女神〟でもある、その素質を与えられている女性たちに対して、さらに〝神聖なる性〟に対して、政府そのものが権力で「財源に変える」ということを堂々とやり続けてきたことに関して、あらためて驚くのでした。

かつての日本は、世界でも有数の売春女性の輸出国であったとされています。
日本政府は海外との争いが絶え間なくあり、軍費などの疲弊した経済を立て直すために女性たちは売られていきました。
特に明治後期から昭和後期まで海外へ騙《だま》されて渡った娼婦たちは「からゆきさん」とされま

した。

驚くことに、二万人もの日本の女性たちが海を越え、シンガポール・中国・香港・フィリピンなどの東アジアなどへ売られていったそうです。

こうしてどれほど長い歴史、女性たちの身体と心と性が貶《おとし》められ、辱められ、辛い思いを繰り返してきたことでしょうか。

麻耶は、これほど長い歴史、なぜ女性たちが貶《おとし》められてこなければならなかったのだろう、と驚くのでした。

先に麻耶が地球にきて天界と繋《つな》がり、導きを得ながら、ムー・レムリアの時代に祭祀《さいし》王が国を統治する使命と権限を持ち、天啓を伝える男性に政治を任せていた時代がありました。そのような生まれ変わりの体験があったと知らされてきました。

その頃は、女性たちがいかに大切な存在で、宇宙の女神たちとして扱われ、また男性たちはそのような女性たちを慈しみ、争い合いもなく、平和な日々を過ごしたのです。

麻耶は深く疑問に思うのです。

貶《おとし》められてきた歴史がどれほど長いものであったかを考えるとき、本来は最も神聖であり、神々の愛の行為であり、真実の喜びと愛とをもたらす体験であることが、ものの見事に封じられてきていることに驚くのです。

なぜ最も崇高なはずの宇宙の真理であり最も高い次元のエネルギーであることを、社会の中や教育という学びの場でも教えることはされずにきたのでしょうか？

また、親が正しいことを教えてくれることもなく、人に知らされることもよしとしない、この〝性という世界をまるで恥ずかしいことのように〟洗脳され続けてきました。

これほどまでに地球という星で生きる人々は真実の愛と切り離され、神との絆《きずな》も切り離され、生きるためとされる絶え間なく仕組まれたシステムの中で、まるでこのような現実を当たり前のように受け止めてきたことに、心が傷み驚かずにはいられないのです。

リチャードお兄さまにどうしても聞いてみたいという思いが込み上げてきました。

また、最近さまざまな情報の中に「人身売買」に関する悲しくも酷い知らせがたくさん出てきます。

その中に「子供に値段がつけられて売られてしまう」という信じられないような行為が長い歴史続いてきたと知り、なんて酷いことのできる人たちがいるのだろうと思うのです。

強制労働および性的搾取が目的の人身売買の被害者にされる子供がさまざまな方法で毎年数

万人にものぼり、日本も性的搾取の被害者の多い国であるとされています。

麻薬や犯罪組織、人身売買などの関係者がこの地球には想像もできないほどの組織犯罪となっているようです。

人身売買は悪魔儀式などにも使われているとされています。

今ではSNS上を賑《にぎ》わす情報として「アドレノクロム」のことが話題になっています。

子供を捕まえ地下に閉じ込め、酷い暴力を与えながら、恐怖や恐れなどのストレスにより脳内ホルモンの一種が分泌された血液を、脳内から直接採取してつくるそうです。

実際に医薬品として販売されている一方、日本や海外の芸能人やセレブたちが愛用している美を保つ薬ともいわれており、その効果には麻薬以上の高揚感・若返り効果があると噂《うわさ》されています。そのため、支配者たちの最大なる資金源になっていると知りました。

また、ある国では新生児を売るための「赤ちゃん製造工場」までがつくられているそうです。

知らないうちに愛しいわが子がなぜ消えてしまったのか、と気も狂いそうになる両親や兄弟たちの気持ちを思うと、とても辛くなります。

何よりも、家族から引き離され、知らない大人たちになぜこんな恐ろしい思いをさせられなければならないのか、と心を痛めながら死ななければならなかった子供たちの辛さを考えると、いたたまれない悲しさを感じるのでした。

なぜこれほどまでに、どのような星の種族がこの地球を支配して残酷なことができているのでしょうか?

なぜ、銀河連合などの最も力ある善なる助けが及ばないのでしょうか?

麻耶は本当に知りたいと思うのです。

麻耶は「リチャードお兄さまに質問があります」とまた静かな夜にマントラを唱え、水晶を持ち、瞑想《めいそう》を続けました。

すると、リチャードお兄さまが麻耶に話しかけてくれました。

「麻耶、残酷な歴史の中で、特に女性たちがとても辛い生き方をしてきたことを理解できたんだね。

地球という星を支配している宇宙の種族たちは、まさに人類の金銭と性を完全にコントロールし呪縛しているんだよ。支配者の宇宙種族たちには、〝感情〟という〝感性〟がないんだよ。だから愛が理解できずに、平気で残酷なことができるんだ。また、自分たちの遺伝子を使い、人間のDNAと混合させ、自分たちの思いどおりにコントロールさせることができる『ハイブリッド』や『クローン』などをまるでSF映画そのもののようにつくり出し、政治や宗教、エネルギーなどを見事に支配してきているんだよ」

「お兄さま、なぜこれほど酷い地球になってしまったのですか？　ここまで自由に人類を苦しめる支配者たちの為すことを、宇宙の世界では放置し、見逃し続けるのでしょうか？　マインドコントロールがまだ解けずに眠らされた状態のまま、人々は真実を知らないままなのでしょうか？　『大和魂』といわれてきたはずの頼もしい日本男子たちは、なぜこうも弱くなってしまっているのでしょうか？」

「麻耶、よく気がついたね。日本が目覚めるために何を知らなければいけないのかを、麻耶とともに学びたいものだね」

「はい、お兄さま、よろしくお願いします」

「二〇一〇年頃には『性＝ポルノ』的な世界を広めて、年間五百億ドルを超える悪魔的なポルノで男性の生命力を消耗させているんだよ」

「ポルノで男性の生命力を消耗させているのですか……？」

「働いても税金や医療費でほとんど使われていくよね。また、メディアは娯楽と嘘《うそ》で人間を洗脳してきたよね。食品添加物で身体を弱らせ、男性の身体から生殖機能をも失わせ、また、人間には最も重要な水源まで汚染されているよね」

「税金、医療費、娯楽、添加物、水質汚染……」

「これほど酷い社会の中でも目覚めてきている人々は医者と薬に頼らない強い意志を持って生活しているからね。嘘を見分けることのできる人々が増えてきたね」

「目覚めた人が、どんどん増えてほしいですね！」

「医療世界で与えられる癌《がん》の治療やたくさんの薬を飲み続けていると、いわゆる霊性の低い霊に憑依《ひょうい》されやすくなっているんだよ。しかも、性の欲望の世界で溺れている人たちは今、最も邪悪な霊に憑依されやすくなっているんだよ」

「憑依霊――それってとっても怖いお話ですね……」

「また、満月・冬至・新月などの天体周期の最も地球にエネルギーの強い時期を把握して、どう支配に活用すべきかを支配者の彼らは見事に熟知しているんだ。そういう時期に、あえて地震・台風・水害などを起こしているんだよ」

「お兄さま、私は本当に驚くのです。虹の王国や銀河連合のさまざまに優れた星から地球を助けようと来訪しているライトワーカーたちがたくさん存在していると伺っていましたのに、この大切な日本の国の中で目覚めだした人々が、なぜ阻止することができないのでしょうか？」

「銀河連合の者たちも人類を助けようとして、地球にいるライトワーカーたちに絶えず啓示を送り、夢の中でも助け、必要な出会いにも導き、まさに愛を絆《きずな》として結びつくカップルにはいかに愛し合う行為が宇宙にまで届いているかを知ってほしいと、さまざまな方法で知らせてもきたんだよね。そんなカップルの見事な美しいエネルギーは共時性をつくり、未来の世界をつくり出していることは真実だからね。そのような重要なことも地球の人々に知らせたいんだよね。

なぜなら、今、まさに地球の大変革を前にして終末的宇宙戦争に入っているからね。だから、ますます目覚めてきている人々の重要性と愛の交流ができるカップルは絶えず宇宙船から見守られてきているんだよ。親子の愛、友人たちの信頼、人々の助けになりたいと目覚めている人々が増えてきているからね。なぜなら、総合的にそれらの美しいエネルギーを共振・共鳴する力を持つことで、〝新時代へ向かおうとしている世界〟が今、とても大切な働きになっているからなんだよ」

「お兄さまの教えてくださることは、よくわかります。けれど、この度の私の地球での誕生の最も大切な役割が何であるのか、何ができるのかをとても知りたいです」

「――麻耶、お父さまと相談したのだけれども、この先は虹の王国のファミリーから離れて、どんな生き方をしたいのかよく考えて、子供たちと一緒に一番麻耶が望む生き方を選択させようということになったからね。よほどのことがあったら、そのときはいつでも連絡を待っているよ」

「そうですか。お兄さま、いろいろとありがとうございました。これから私はどのように生きるべきなのかよく考えます。また、どうしてもお伺いしたいことがあるときには連絡させてくださいね」

「了解だよ、麻耶。ファミリーに伝えておくからね。また再会できる日まで元気でね。いつも見守っているからね」

久々に希美と健を伴い、一日を楽しみます

麻耶は、希美と健を連れて公園や水族館に行きました。

お兄さまたちとのとても緊張する話や学びが続いていたので、麻耶は、とてもお天気のよい日に、子供たちが大好きな食べ物をつくりお弁当を持ちました。

子供たちを連れてゆっくりと近くの花々が咲いている公園に行き、ひらひらと舞う蝶々《ちょうちょう》も眺め、子供たちが遊具で遊ぶ姿を見ていました。

健がニコニコと近づいてきて言いました。

「お母さん、これから僕たちを水族館に連れて行ってよ。お姉ちゃんも行きたいって言っているんだよ」

「わかったよ。三人でお弁当を食べてから、バスに乗って水族館に出かけようね」

麻耶は、ゆっくりと親子でお弁当を広げ、眩《まぶ》しげに輝く太陽の下で手作りのお弁当を食べ始めました。

「お母さん、これから三人で行く水族館、とっても楽しみだね」

子供たちは楽しそうに話しながら、嬉しそうに笑うのです。

「お母さん、お弁当とっても美味しいよ」

「健と話していたんだけど、最近お母さんがとっても難しい顔をしているときがあるから『なんか心配事があるのかな』って話していたんだよ」と、希美が言いました。

麻耶は、虹の王国から帰って以来、お兄さまたちと学ぶことがとても緊張している姿となっていることを、日々子供に見せていたのだと気づきました。

麻耶はその公園で遊ぶたくさんの子供の姿や親子連れを見て、このような心温まる世界が未来に何の心配も憂いもなく、素晴らしい社会となったらどんなによいかと思いました。

やがて必ずこれからの時代は安心とともに未来の子供が自由に活躍できる世界になるだろうと思うのでした。


「さぁ、水族館に向かいますよ」

子供たちとバスに乗り、この小さな都市では最も著名な海沿いに建設されている水族館に入りました。

水族館の中は、まさにさまざまな海の生き物たちがいて、子供たちは喜び大はしゃぎで見て行きました。「お母さん早く！　ここからがすごくマンボウの顔も大きくて見えるからね……」

水族館のつくりは「海」そのもので、コンブなどの海藻が生い茂り、魚が群れ、ウニやナマコなども見られました。

「お母さん、海獣公園にアザラシやトド、イルカのショーがあるから、見に行こうよ！」

「わかったわ。見にいきましょう」

外に出ると空は見事な茜色《あかねいろ》に染まり、たくさんの家族連れや恋人たちが楽しそうに集っているのです。

トドやアザラシ、イルカのショーはとても訓練されていて、会場を沸かせてくれました。

すべての世界がこのように束縛もなく愛する家族や恋人同士がいつまでも幸せに暮らせるためには、今この地球上で人々がどんな目覚めに気づくことが必要なのかを麻耶は考えていました。

こんな家族の幸せな時間に、夫や結花も一緒だったらどれほど幸せだっただろうか、と思うのでした。

また、希美も健も寂しいときもあるはずなのに、父と姉がいない寂しさを決して口にしないのでした。それは話すと母が悲しむことを知っているからだと思いました。

最近はいつも緊張感に溢《あふ》れていたのでしょう。子供たちがとても喜び楽しむ姿を眺めて一緒に過ごせた時間は、まさに麻耶にとってとても癒され考え深い時間でした。

麻耶は不思議な現象に遭いながらも、子供たちと一緒にどう生きて行くのかを考えます

不思議な現象が、次第に麻耶に起きてきたのです。

それは虹の王国でお父さまが麻耶の右の頭部からインプラントを取り除いてくれたために起きてきたことではないかな、と麻耶は思っていました。

その不思議なこととは、いろいろな人たちの発しているオーラが見えるようになってきたのです。

特に対象とする相手のオーラを集中して見ようとすると身体を取り巻いているさまざまな色彩のオーラがはっきり見えてくるのです。

そのことがやがてどのように麻耶に必要となり、生かすことができるのかなどはわかりませんでした。

麻耶はこれまで虹の王国で助けられ、とても幸せなファミリーたちと再会し、またお兄さまたちとの語り合いからたくさんのことを学びました。

麻耶は、この地球で生きてきたことを振り返ってみて、どんなことが一番辛いことであった

のかをあらためて思い直してみるのでした。

まず、すべての人が金銭の呪縛にあっているということ、また、家族というある意味で封建的な束縛も辛いことだと気がつくのです。

特に結婚制度という決まりにも問題があると思っていました。

なぜなら、開かれた宇宙の惑星にはこの地球のような呪縛の制度がないからです。

また、病や暴力などに苦しめられる人たちがいかにたくさんいることだろうと思うと驚かずにはいられないのです。

また、正しい教育がなされていないことや、歴史が変えられていることなどにも、麻耶は疑問に思ってきました。


麻耶はその日からいろいろと考えました。

どれほど大切なことをたくさん学んできたことだろう。

そのような学びをどうしたら生かされるのかを、子供たちと平穏に暮らしながらいつも自分自身と対話してきました。

麻耶は気がついたのです。さまざまな生き方をしている人々と出会うことによって、麻耶の学びになり、また自分にできることがきっとあると思うのでした。

麻耶は虹の王国のファミリーからたくさん学んだ真理の世界をどんな方法で知ってもらうこ

とができるのかといろいろ考えてきました。

本当は絵本作家になれたらいいなと思うのですが、麻耶は絵が描けないのです。

だったら何ができるのだろうと考えているうちに、ふと思いつきました。

古い友人が持っていた小さな喫茶店を売りに出していることを思い出したのです。


子供たちが学校に通っている間、麻耶はお菓子作りが好きなので、その友人の喫茶店を持つことができたら美味しいコーヒーとケーキ、また軽食などなら、夕方まで仕事にしても楽しいかもしれないと考えたのです。

なぜなら、麻耶の人生を振り返ってみると、出会いによって助けられさまざまな世界に気づき、人間世界はある意味ではとても面倒だと思うこともよくあるのですが、やはり魂では人間が大好きなのだと気がついたのです。

麻耶は学んだ真理をどれだけ出会いの中で生かしていけるかはわかりませんが、気づいたことが必ず麻耶の生き甲斐《がい》になってくるに違いないと思うのでした。

子供たちが帰ってきたらちゃんと相談しようと考えて夕飯の支度に取りかかりました。

「お母さん、ただいま！」と、健が先に帰ってきました。健の声を聞いて、麻耶はふと父が知らせてくれた、エジプトのトトメス三世や他の活躍をした健の話を思い出しました。

「健ちゃん、おかえり。お母さんね、今日はとっても美味しいカレーをつくったよ。お姉ちゃんが帰ってきたらふたりに大切な相談があるからね」

すると、健は「カレーなの⁉　やったぁ！　そういえば、今日学校でね、先生に褒められたんだよ。三段跳びがとても上手にできたんだよ」と嬉しそうに学校での話を教えてくれました。

「えー、すごいね健ちゃん！　お母さんも見たかったな」

そんな話をしているうちに、秀吉として天下統一を果たした希美が帰ってきました。

「カレーの匂いがする！　お母さんのカレーは美味しいからね」とニコニコしながら片付けをして、それから三人で夕食を食べました。

子供たちに小さな喫茶店を開店することを賛成してもらいます

「ふたりに相談があるんだよ。お母さんね、古いお友達が手放そうとしている小さな喫茶店がお家の近くにあるんだよ。そこを買って、あなた方が学校に行っている間にお母さんは自慢のお菓子と軽食にカレーをつくっていたいのだけれど、ふたりはどう思いますか？　聞きたいのよね……」

「あっはっは……」素早い反応で、健が大きな声で笑い出しました。

「わぁー、お母さん、その考え素敵だと思う。だって、お母さんが自慢できるお菓子やカレーを食べてくれるお客さんと、たくさん出会えたらいいよね……」と、希美が言い、続いて健が「すごく面白いことを考えたんだね、お母さん。僕がお手伝いするからね、賛成だよ！」と言ってくれました。

その小さな喫茶店は、麻耶の家から十分くらい坂道を上っていくと街を越えた先に、とっても綺麗《きれい》な海が見える小高い場所にあるのです。

麻耶は幼い頃から海を見ているのが大好きで、その友人との話し合いをすることにしました。（そこで出会いができたら嬉しいな……）と祈りのような思いで古い友人に相談すると、彼女はとても喜び「麻耶に使ってもらえるのが嬉しい」と言ってくれました。

麻耶は子供たちの賛成をもらえたことがとても嬉しかったのです。夫に残してもらった遺産の範囲内で手に入れられるかどうかの相談と話し合いになり、家の近くの小さな喫茶店を持つことができました。

そこは古いので麻耶が気に入ったように改装しなければならないため夫の親しい友人たちに

相談し、とても素敵なカウンターにこだわり、テーブル席は四席ほどの小さなお店になりました。麻耶の感性でリフォームしたお店はとても癒される空間となりました。

開業の前に、何をメニューにするか準備したり、またお店を知ってもらうためにＳＮＳで発信したりなどで、開店までには半年ほどかかりました。

いよいよ春になり開店の日となりました。楽しみに待っていてくれた、たくさんの友人たちや知人たちが「麻耶、おめでとう！」と言って駆けつけてくれました。

レナードは麻耶に会いに来て、世界の最新情報を知らせます

開店から四、五日後くらいに、レナードお兄さまが会いに来てくださいました。ちょうどお客様がひとりもいらっしゃらない、頃合いを未計らったかのような来店でした。

「麻耶、家族と話し合って素敵なアイデアで可愛いお店ができたね」

「レナードお兄さま、リチャードお兄さまにいろいろ伺って学んでいましたよ」

「僕の不在の間、いろいろと進展したようでよかったよ。麻耶、どうしても知らせたいことがあるんだ。麻耶が喜んでくれるととても大切な情報なんだよ。そのためにイギリスを始め、いくつかの国々で仕事をしてきたんだよ」

「お兄さま、大活躍のお仕事、お疲れさまでした！」

「今まさに、地球を救い出そうとする光の使命を持つ者たちがアメリカ前大統領のトランプ氏を始めとして、驚くほどの連携と和をなし、これまで地球を自由にコントロールし搾取してきた宇宙種族たちと二十年以上も戦い続け、地球外に駆逐することができて完全勝利したんだよ。後は〝人類の目覚め〟が必要で、まさに今この地球が宇宙にも開かれようとしているんだよ」

「えぇー、お兄さま。そのような情報はＳＮＳや本などで多少は知っていました」

「それは、銀河連合がアメリカ元大統領のアイゼンハワー氏の時代に、助けるための相談をしにきたんだよ。けれど、その時はレプティリアンやグレイなどの悪巧みをしている宇宙種族に操られ、成功できなかったんだよ」

「まぁー、そうだったのですね。残念ですわ……」

「なぜ、麻耶はこれほど苦しむ地球の人たちが銀河連合の優れた人たちに助けられないのかと疑問に思ってきたよね」

「はい、そうなんです」

「けれど、『助けてほしい!!』というこの地球の人々の要請がなければ、勝手に関わることはできないという宇宙の法則になっているからなんだよ」

「えぇー、そうなんですか!? そういう宇宙的ルールがあったとしても、限界に達した人間で『助けてください!!』と要請している苦しんでいる人々は、どのように天界では理解されているのですか?」

「麻耶の言うことはわかるけれど、すべてがワンネスの中で見守られているから、それはそれぞれが宇宙の時間をかけて体験しようとしているジェネレーションの違いだけなんだよ。悲しみの星・サラの願いと地球の人々の叫びが充分に銀河連合に届いているんだよ」

「いつでも天界には届いていたけれども、地球と全人類との総意の叫びにまではなっていなかったし、宇宙的なサイクルでの機は熟していなかったのですね……!?」

「麻耶、そうだよ。その願いがアメリカ元大統領のケネディ氏が暗殺されたことをきっかけに心ある人々が立ちあがり、息子であるケネディ・ジュニア氏を囲み、長年かけて念願の有志たちを募り、支配者たちとの戦いの準備をし、タイミングをみてきたんだよね。やがて次第に宇宙からのライトワーカーたちやこの戦いに賛同する有志たちが本気で活躍しだしたんだね」

「そういう経緯になっていたのですね」

「最近では、地球を救い出そうとする素晴らしいグループが誕生し、アメリカ前大統領のトランプ氏を始めとして、最も力を持つアメリカの軍隊がライトワーカーたちと連携を組み、ここまでの長い歴史、地球人たちを家畜のように扱ってきた者たちをたくさん逮捕し、今まさに世界に向かって驚くような時代の新たなシステムづくりを発表しようとしているんだよ。やがて経済もこれまでの一握りの者たちの搾取ではなく、二〇年以上もかけて銀河連合も助けながら、すべてが金を基軸にした素晴らしいシステムに、すべての国々でもう既に変わろうとしているんだ。ここからは、政治、教育、医療、エネルギーなどが急速に良い方に変化するからね！」

「そんな驚く時代の変革が、今起きているのですか？」

「悪徳な支配者たちが地球の地下洞窟の彼らの隠れ家に、さまざまな国々に瞬時に出入りできる移動システムをつくっていたんだ。地球を支配できるシステムはもう四千年も続いてきたそうだよ。そこへ数年もかけて軍隊が入り、人身売買され捕まり酷い姿でいた、たくさんの子供を救い出してきているんだ。助けに入った兵士たちは、たくさんの死骸を見たり、また生きている子供のあまりに酷い姿を見て、泣きながら助け出すのを僕は見てきたんだよ。

だから、これまで地球をわがもののように洗脳的コントロールをしてきた者たちは、かつてのようにはこの地球を好きにできない状態に追い込まれているんだ」

「えぇー、お兄さま、そんなすごい現場に行ってきたのですか。それを聞いて驚いています。これからどうなっていくのでしょうか。まず、地球が二〇二五年までに宇宙サイクルの中で見事に波動の世界では、それぞれが次元的に分かれていくようになることは気づいてきました。

これからの人類と地球の変化、また銀河連合との関わりはどのように変化していくのでしょうか？

　特に私がこのような時代の中で何を使命とするべきなのかを考えてきました。お兄さまの考えを聞かせてください」

「麻耶、そのためにリチャード兄からこの地球がいかに女性たちの愛と性が封じられ、苦しんできたのかを学ぶように言われていたよね。そこにこれから麻耶がなさねばならないとても大切な役割と使命が待っているんだよ」

「レナードお兄さま、大切なお知らせありがとうございます」

「麻耶、子供たちが学校から帰る時間が近づいてきたんだね!?」

「ゆっくり考えてみますので、お兄さま。またいろいろとお尋ねしたいことをご相談させてくださいね」

「わかったよ、麻耶。麻耶が一番に、これから先何を望むのかしっかり自覚してほしいんだよ。またゆっくり会おうね。元気で過ごすんだよ。希美と健にまた会いにくるからね」


麻耶は次第に、人々のオーラがはっきり見えるようになってきたのです

それからしばらく経って、麻耶は開店した海の見える喫茶店でメニューを整え、日々お店に来る人々と接してきました。

麻耶の得意なケーキはモンブランやチーズケーキ、チョコレートケーキで、軽食は得意のカレーとパスタなどです。コーヒーはとても香りがよく美味しいといってもらえるブランドにこだわりました。

時折、希美と健が元気な声で「お母さん、お手伝いするよ！　一緒に帰ろうね！」とお店に顔を出してくれるのでした。

麻耶は子供たちが帰ってくる時間までの仕事とし、次第に楽しみながらある種の充実感を感じて過ごしていました。


そんなことがどのくらい続いた日々を過ごした頃でしょうか。

次第にそのような日常に慣れてきた麻耶が、お客様のオーラが見えるために的確なアドバイスなどの対応に触れた人々が周囲の人々に伝えていくようになり、次第に麻耶に相談したいと思う人が喫茶店に来るようになってきました。

当然、忙しいときにはそのように対応できないときもありますが、相談者によってとても互いに話し合えて本当によかった、また学びになったと思うことが折々ありました。

親しい友人や初めてのお客さまもいて、いろいろな方々に話しかけられ、また個人的な相談などをされることもあるのです。

なぜ、こんな不思議なことが自分に起きてきたのだろうかと躊躇《ためら》いながらも、周囲の人にはなるべく知られないようにと気をつけて仕事をしていたのです。

けれど「どうしても相談して聞いてもらってよいでしょうか」と聞かれたときに、その相談者の悩み、問題、あるいはその人の身体の健康状態などがしっかり集中して向かい合うことで、オーラを見ながら問題の解決法がなぜか麻耶にはわかってくるのです。

その相談に真剣に向かい合うことが必要だと思ったときには、相手が理解できる範囲でアドバイスしていくことになりました。


ある日、街で隔月ごとにさまざまな出来事や新しいお店などを取材し取り上げている、小雑誌の編集の方が麻耶のお店を取材しに来てくれました。

写真付きの小雑誌に店の紹介記事が掲載された頃から、また新しいお客さまがいらっしゃるようになりました。麻耶はそんなお客さまに対応するうちに、ひとりで日々忙しいなら(誰かお手伝いくださる方を探さなければいけないのかな?)と思ったりしていました。

また、その頃から不思議なオーラを持つ男性が通ってくるようになり、いつもカウンターの隅に座りました。麻耶から話しかけると最も短い答えで会話が終わります。

その男性の不思議な雰囲気と他の人には感じられないオーラを見ているうちに、なぜいつも来て静かにカウンターの隅にいるのか、次第に気になり始めました。

麻耶は、エジプトでのご縁と絆の出来事を、思い出さなければならないのです

それからも毎日のようにその男性が喫茶店に通い続けてくることを不思議に思い、彼がなぜいつもこれほど頻繁に来るのか、とっても知りたくなったのです。

あまり話をしない、けれど何か深い重さを感じる個性の男性なのです。そして、言葉ではない不思議な他の人にはない世界を放っているオーラに、麻耶だけではわからないこの不思議なご縁を知りたいと思いました。

ある日の夜、麻耶はなぜか虹の王国のソフィーに聞いてみたいとふと思い、祈っていたのです。すると、ソフィーが麻耶の夢の中に現れました。

「麻耶、彼との不思議なご縁と絆《きずな》がどこにあったのか、いつも知りたいと思っていますよね」

「お姉さま、よくおわかりですね。どなたに聞いたらよいのかといつも考えていました。ソ

フィーお姉さまですよね？　水晶とマントラがなくても、こうして虹の王国のファミリーとお話できていることに驚いています」

「麻耶が人々のオーラが見えるようになった頃から、水晶とマントラがなくても、祈れば会話ができるようになったのですよ」

「そうだったんですね。今回はお姉さまが教えてくださるのですね。ぜひ、知りたいです。よろしくお願いします」

「紀元前十五世紀頃のエジプトでの出来事です。第十八王朝の第四代ファラオであるトトメス二世――その妻・ハトシェプストと、もうひとりの妻・イシスの時代のことです。トトメス二世はイシスに産ませたトトメス三世に夢中になり、ハトシェプストはどこか寂しい思いをしていたのです。

ある日、ハトシェプストはひとりの友を連れ、砂漠を横切り遠く離れた神殿に向かおうと馬車を走らせていたのです。すると、ある砂漠の場所で倒れている青年を見つけました。その青年は息も絶え絶えに倒れていたのです。その青年を馬車に乗せ、ハトシェプストは助け出しました。自分の神殿に連れ帰り看護をし、青年が元気に回復したら街に戻そうと考えていたのです。

　ある日の夜、青年のそばにいたハトシェプストはつい出来心で青年に触れてしまいました。ハトシェプストはトトメス二世が冷たかったので、どこか寂しさを抱えていたのです。それからしばらくそばに置いていたのですが周りに咎《とが》められると思い、こっそり会う方法を話し合い再会の約束を交わしたのです」

「あらっ、まぁー、そんなことがあったなんて、どうしましょう……」

「彼は、たまにこっそり会いに来てくれるようになり、ふたりの逢瀬《おうせ》はとても豊かで楽しい時間になりました。

　数か月続いた頃、彼は、こっそり女装して会いに来たときに、役人に捕まってしまったのです。『そのような格好で、どこへ行こうとしているのか？』と問われ、ついに『ハトシェプスト様に会いに来ました』と役人に話しました。するとその役人は、ハトシェプストの前にその青年を呼び出し目前に座らせ、『ハトシェプスト様に会いに来ました、と言っていますが、本当でしょうか……？』と問いました。少し驚き慌てたハトシェプストは、『私はその青年を知りません』と言ってしまいました。なぜなら、真実が表沙汰になれば相手も自分も重い罰せられ方をすると知っていたからです。

その後、その青年がどのように処罰されたのか聞くことも怖く、考えないようにしようと思ったハトシェプストの心の中には、決して忘れて拭い去れるものではない痛みとして残っていったのです……」

「ソフィーお姉さま、そんなことがあったのですね。なんて怖いことをしてしまったのでしょうか。その後、彼との繋《つな》がりや出会いがどこかであったのでしょうか？」

「麻耶、そのエジプトで出会った青年はね、麻耶とは違う宇宙の惑星から来た人だったのよ。だから、普通の人とは違い、その愛の痛みの記憶は彼が後に地球でどのような生まれ変わりを何度しようとも、決して拭い去れる痛みではなかったのですよ。その後、麻耶がエジプト以外で生きた地球の生まれ変わりを探し出し、どこかで深い愛を取り戻したいと願いながら、必ず身近な場所に生まれ変わって麻耶を見守ってきているのよね」

「えぇー、そんなことって本当にあるのでしょうか？　驚きとともに胸が締めつけられる思いになりました。お姉さま、これからどのようにこの痛みやこれまでのさまざまな負の記憶に答えを出していけるものなのでしょうか。お姉さま、アドバイスをいただけますか？」

「そのような生きるがためにできている過去の痛みも、麻耶の地球で果たす一番大切な使命となってこの度生まれてているのです。これから成し遂げることに関わっていますからね。

また、結花がなぜ今世、あの悲しい亡くなり方をしなければならなかったのか？　過去世のドラマをレナードが麻耶に話しましたよね。そのときレナードは、麻耶にも結花と同じような負の痛みを抱えているからね、と話したと思います。覚えていますか？」

「思い出しました。この地球では〝感情〟という『喜・怒・哀・楽』ですべての人が試され喜びや苦しみを体験するから、その体験とともにどのように宇宙の真理に至るべきかを悟るまでは、この三次元の世界を卒業できないようになっているのだと思いました」

「だから麻耶、焦らないで！　必ず正しいよい答えが見つかります。今、始めようとしている新しい生活の中で、過去世に麻耶や私たちのファミリーたちと魂の絆《きずな》や約束事を秘めた人たちが、たくさん集い麻耶に会いにきます。そのうちに、そのような出会いの中からともに力を結集し、この新しい時代に日本から希望と夢を持って歩み出していくようになりますからね。あとは麻耶が、自分で答えをしっかり掴《つか》み出していくことですね」

「お姉さま、わかりました。お知らせいただき、本当にありがとうございます」

麻耶は、お姉さまにお知らせいただいた夢の中の話が本当なのかどうかは確信がもてるとは思えませんでしたが、何かの気づきにきっとなるに違いないと思いました。

ソフィーにお話を伺った男性が何度か来ているうちに、麻耶は、思い切って男性に話しかけました。

「お仕事を聞いてもいいですか？　ご家族はいらっしゃるのでしょうか？」

「僕はひとりです。絵を描くことが仕事です。あまり、社会の中で人間関係に触れることが苦手なんです……」

「いつもこのように来てくださることはとても嬉しいのですが、何がそんなに気に入ってくださっているのでしょうか？」

「麻耶さんを見ていると、不思議と僕がどこかの人生で失ってしまった太陽のような明るさや、僕が持っていたらどんなにこの人生が生きやすいだろうと思えるものを、すべて持っていると感じるのですよね……」

「えっ……そうなのですか？　そんなふうにおっしゃっていただけて嬉しいのですが、あなたのお描きになるお仕事の絵やイラストを見せていただくことは難しいですか？」

「いいですよ。いつかお持ちしますね」

いつも笑わない彼が、ニコっと嬉しそうに笑うのでした。

麻耶は、どこかで彼に力になれることがあったらいいなと思うのでした。

お客さまのオーラや不思議なご縁と絆がわかるようになってきたのです

麻耶は、喫茶店を始めてから次第にお客さまが来るようになって、あまり忙しくない日にはカウンターに座ったお客さまに悩みを相談されることがよくありました。

いろいろな相談の中で、なんて答えたら相談者のためになるのだろうかと思う相談がありました。

その方は、背が高く細身で三十代半ばくらいの女性で、髪が長く美しい人でしたが、どこか寂しげな様子でした。彼女はこう話してきました。

「麻耶さんに相談してもよろしいでしょうか……？」

「はい、お伺いしますね。どのようなご相談でしょうか？」

「……私には夫と子供がふたりいます。けれど、一年ほど前からとても互いに愛し合う相手と出会ってしまったのです。その人と後の人生一緒になりたいと思うのですが、夫も子供もいるので日々とても悩んでいます。麻耶さんだったら、そんなときどうしますか？」

麻耶はどう答えたらいいか考えましたが、

「もし私だったら、まず子供たちに『お母さんは好きな人ができて、お父さんと別れて好きな人のところに行きたいと思うのです』と相談しますね。『そうすることでお母さんは一番幸せになれると思っているのですよね』と、お子さんに伝えたらいかがでしょうか。私は、死んだ後に後悔する生き方をしたくはない、といつも思っているのです。また、そのような決断をしたことによって、神があなたを罰することなどは、決してないと信じていますよ」と話しました。

「……麻耶さん、何か私に勇気が湧いてきました。本当にお話を聞いてくださってありがとうございます。しっかり子供たちと向き合って、一番後悔しない方法で生きていこうと思います」

その方は、ニコニコしながら麻耶とハグをして帰っていきました。

喫茶店の営業に慣れてきた頃、麻耶は、日中バイトしてくれる女性と出会いました。

そのおかげで、ケーキや軽食づくり、また買い物に当てていた時間を他のことに使えるようになり子供たちと過ごす時間もできました。また、そのお手伝いの女性は賢い人で、麻耶ととても波長が合うのです。たまにお店に来る子供たちをとても可愛がってくれるので、子供たちからも愛される方でした。

時間にゆとりができた麻耶は、日々の生活の中でふと考えることがありました。それは、虹の王国のファミリーからとても深くて大切な物事をたくさん学ばせてもらったのに、このような穏やかな日々を過ごすだけでよいのかという疑問でした。

ある日、いつもカウンターの隅に座る、過去世においてエジプトで深いご縁があったという不思議なオーラを発している男性が来ました。以前、麻耶にイラストを見せてほしいと言われた彼は、たくさんの作品を持って来たのです。

「見せていただけるのですか⁉　とても嬉しいです！」

彼の作品は壮大な宇宙や地上の大自然などが、とても夢のあるイラストとして描かれており、麻耶は感激しました。

「とても素敵ですね！　このような作品は、とても大好きです。いつかお仕事でご一緒させていただくことは可能でしょうか……？」

するとと彼は、嬉しそうに聞くのです。

「どんなことにイラストを使いたいのでしょうか？」

「私が大切に学んできた世界の真実を、ポエムや散文で表現して、あなたの絵を入れた作品をつくりたいのですが、お仕事としていかがでしょうか？」

「それは僕にとっても、とてもありがたいお話です」と、男性は微笑みながら応えてくれました。

「私の作品ができましたら、また相談させてください」と彼の連絡先を伺いました。


麻耶がこの喫茶店で一番大切にしたことは、いつも出会いが楽しくて、どんなことからもさまざまな人生を生きている人たちの姿から学んでいけるという喜びでした。

また、きっとどこかの時代で一緒だったに違いないと麻耶が強く思う人たちが、次第に喫茶店に通い始めて来るのでした。

とても仲良くなれる人と、どのように触れたらいいのかと思うような方も中にはいました。

コーヒーの香りと味がとってもよく、みなさんケーキとセットで喜んでいただけました。


それから半年くらい経った頃、私に好きな人ができたからと夫と別れたいと相談に来た人が、喫茶店を再び訪れました。彼女の方から、

「麻耶さん、以前にとても大切なご相談をさせていただいた者です。おかげさまで私は大切なふたりの子供に『お母さんは幸せになりたいのだけれど、許してもらえるだろうか。また、あなたたちはそのとき、どうしたいと思いますか？』と相談しました……」

「あのときの方ね……!?」

麻耶は、その話をする女性があまりにも美しく輝いていたために、同一人物とはすぐに思えなかったのです。彼女はなんて幸せそうな姿に変わったのだろうか、と麻耶は思いました。

「……子供たちはしばらく悩み考えた結果、『お母さんが本当に幸せになれるなら、好きな人と一緒に暮らしていいよ』と言ってくれました。それから子供を連れて、私は愛する人と暮らすようになって、今はとっても幸せです。あのとき麻耶さんに『死んでも後悔しない生き方を選びなさい』と言っていただき、本当に勇気が湧いたのです。ありがとうございました。このことを麻耶さんにお伝えしたくて、今日はお会いしに来たのです」

その方が帰るときに、私たちはしっかりとハグをし、また会いに来てくださいね、と約束をしたのです。

お客さまから渡された本は、七十年以上も隠されてきた驚くべき内容でした

それから数日後、麻耶は、カフェで素晴らしいオーラを輝かせているカップルが海を見ながら楽しそうに話している姿を見て、たくさんの人がこのように輝き幸せなオーラを発揮することができたら、どれほど社会が変化していけるだろうか、と考えていました。

すると、不思議なオーラを発している彼が、カフェにやって来ました。

麻耶は彼と「こんな組み合わせで素敵な作品をつくりたいですね……」と話し合っている

と、彼は一冊の本を私に渡してくれました。

「僕は、本を読むのが好きで、たくさんの本を読んできたのですが、これはとても気づきを与えてくれるインパクトのある本でした。ぜひ麻耶さんに読んでほしいです！」

「ありがとうございます。お仕事の作品の仕上がりも楽しみにして、次回お会いするまでにこのいただいた本を読んでおきます」

麻耶は、仕事が終わった後、希美と健と語らいながら食事を済ませました。

そして、ふたりが眠りについた後に、受け取った本を読み始めました。

するとこの本の内容は、今訪れているとても大切な時代に、まさに虹の王国のレナードお兄さまやリチャードお兄さまがお知らせくださっている、「意識の目覚めを待つ方々にとても大切な気づきになる」と思いました。

なので、この作者の意図を考えながら、麻耶が伝えたいところを書き出してみたのです。

ナポレオン・ヒル著『悪魔を出しぬけ！』

悪魔の支配は、すでに人類の九十八％に及んでいる。

だから悪魔は、人類を支配している王と言っても過言ではない。

悪魔はエネルギーであり、姿形などない。

人間のイメージにある、二枚に割れた舌と尖った尻尾の化け物ではない。

悪魔は、否定的なエネルギーからできていて、悪魔を恐れる者の意識の中に住んでいる。

宇宙を構成するすべての原子の半分と、あらゆる精神的、物質的エネルギーの半分を支配している。

世界の半分は悪魔のものであり、もう半分は対抗勢力である神が支配している。

否定的なエネルギーが悪魔で、肯定的なエネルギーが神である。

宇宙の創造の法則とは、絶えず二極化して働いている。

陽・プラスのエネルギーと、陰・マイナスのエネルギーである。

だから世界の九十八％の力が悪魔のものであり、一〇〇％は神の力である。

悪魔の仕事内容が驚くほど見事に表現されていて、麻耶は気づくことが多かったのです

あらゆる物事の否定的な面をコントロールすることが悪魔の仕事――人間の思考も含めて。

人間の意識をコントロールするためにたくさんのトリックや道具を使っているが、その中でも最もコントロールに適している道具が「恐怖」である。

人間の意識に恐怖の種を植え付けると、やがてその種が芽を出し成長する。そうやって恐怖が支配した空間をコントロールしてきている。

恐怖の種にもいろいろな種類があり「貧困・非難・病気・失恋・老い・死の恐怖」が最も効果的である——特に貧困や死。

悪魔には時間とか空間といった概念はなく、一つのエネルギーとしてこの三次元の世界に常に存在している。なかでも一番心地よい場所は、人間の恐怖心やマイナスな意識の中である。

悪魔は、あらゆる階層の人間の意識を利用して、「恐怖」という最大の力と、知識がない「無知」（二番目に強い力）を駆使して、これまでに第一次、第二次世界大戦や世界恐慌を引き起こしてきた。

「恐怖」と「無知」でコントロールされた人間は、自分で考えずに「流される」ようになる——これが悪魔の最大の仕事。

✴自分の頭でまったく考えない。
✴まわりの状況に影響を受けコントロールされても、それに抵抗しない。
✴自分で考えるのが面倒だから、悪魔が自分の意識を支配することをむしろ歓迎する。
✴人生に何が起ころうともそれに甘んじて、反抗することができない。
✴人生に何を望めばいいかもわからず、ただぼんやりと日々を過ごすだけ。

こういう特徴を持った人間は、あれこれ口で意見は言うけど、どれも自分で考えたものではない。そのほとんどは悪魔が洗脳し吹き込んだものである。

恐怖だけではなく「迷信・金銭欲・貪欲・情欲・恨み・怒り・虚栄心・怠け心」も人間のコントロールに役立つアイテムである。

こうして「流される」人間をつくり、「流される」人間に居続けることを習慣化させれば、悪魔の仕事はほぼ完了している。

「流される」人間になる習慣とは、自分で考える力を周りの者が奪ってしまうことである

「流される」習慣をつけるために非常に有効なやり方は、親や教師、宗教指導者たちに協力してもらうことである。

小さい頃に刷り込んでおくのは非常に効果的——多くの大人たちが、「自分の頭で考えない」という悪魔の目標を、知らず知らずのうちに手伝ってくれている。

宗教、政治、結婚、その他の重要な選択は、「なんでも親の言うとおりだ！」と子供に信じ込ませると、その人間を通して次の世代も支配することができるからである。

宗教は、証明不可能な説を聞いた人間を混乱させ、自分の頭で考える力を奪ってくれる。し

かも、恐怖のなかでも最悪レベルの「地獄」という概念を意識に植え付けてくる。

また、信仰することによって「天国」に受け入れられるという洗脳も、人間の考えからではなく植え付けられているものである。


親は、子供に対して自分の持っている知識をすべて与え、自立させるという義務を持っている。

それに対して、多くの親は、子供を助けるという思い込みを持ちながら、反対にダメにしている事例がとても多すぎる。

親は、子供たちが体験を通して自力で知識を得るように、本当は仕向けなければならないのである。


そんな中で悪魔は、世界をコントロールするために非常に効果的な手法として、人類の扇動術である「プロパガンダ」を使うのである。

世界のニュースとプロパガンダをミックスさせると、それは学校の授業で教えられ、教会ではお説教となり、映画のストーリーにも忍び込んでいく。

そのような「洗脳」と「恐怖心」が、やがて国々の経済を破壊する一大要因になる。

伝染病を流行らせたり、戦争を始めたり、経済をパニックに陥れるのも「プロパガンダ」を使えば思うがままである。

「流される人間＝永遠に悪魔の支配下」ということではない。

永久に悪魔の所有物にするのは難しい……

それこそ、あらゆる角度から揺さぶり続ける……

それはやがて、人間に持たされている魂に働きかける危機を与えることになり、真に自分の生き方を考えるチャンスとなる。

真に洗脳から目覚めるとは、当たり前になっている価値観を見直す機会が必要である

まずは健康面の破壊。

食べ過ぎたり、酒・タバコなどにより間違った食生活をすることにより消化不良を起こし、腸内を毒まみれにしていく。腸内がぐちゃぐちゃの人間が正しい思考ができるわけないからである。

そんなことから、やがて死を目前にすると、人間は自分の生き方が正しかったのか悔いが残ることが何であるのかを考えるチャンスが与えられる。

けれど、悪魔は食に興味がない者に対して性欲に訴えかける。そうすればだいたい失敗の道

に多くの人が転げ落ちていく。

それと同じぐらいに強いのは金銭欲。

もっと言えば、虚栄心とか自惚れといった人間の弱さを刺激し、権威主義に向かうことが社会の最も優位な生き方だと洗脳される。

ほとんどの人間たちは、悪魔の誘導によって否定的に考える習慣を持っているから、そこから否定的な行動や態度を取り出して他人との対立が生まれる。

その頃には、ほとんど自分の思考は働いていない。なぜなら、悪魔にコントロールされ支配されているからである。

悪魔が恐れる人間とは「勇気、希望、創造の法則、明確な目標」を知る者たちである

悪魔が最も恐れる人間とは、流されずに自分で考えることができる人間である。

正しい思考は悪魔にとって「死」を意味する。正しく考える人間の思考の中には存在することができないからである。「勇気、希望、創造の法則、明確な目標」といった建設的な思考を始めると、悪魔のマイナス思考は存在できなくなる。

貧困も、「流される」人間であれば、どれだけお金を持っていても心の貧しさや人を見下す意識を持つことによって見抜くことができるからである。

自分の欲するものを知っていて、それを獲得するために考えて行動している者には、貧困は決して見つからない。一見ボロボロに見えても、その人間からは真実が見えていて、貧困は発見できないからである。

自分の頭を使って自分で考えるというのは、人間なら誰にでも等しく与えられた特権である。親や教師、またマスメディアのプロパガンダなどを正しく見抜く意識が求められている。

待ちに待った新時代が到来――まさに、思考の現実化が早くなっている

私たちが目覚めるためには、洗脳とマイナスな習慣性から抜け出した真の輝きを持っている人々に出会い――親しく触れていく――導かれていく縁は、最も有効な働きになる。

「目覚めよ!! そして、与えよ!!」

与えるとは、多くの人間に貢献すること。

目覚めとは、悪魔の力を断ち切り、自分の頭で考えられるようにすることである。

強い意志の力があれば、悪魔の力を断ち切ることは可能だが、一定期間悪魔の支配下にいる

と、もはや悪魔の支配から逃れることは難しい。

だから目覚めた者は、「人々が輝き喜ぶ生き方に、どのように貢献できるか?」と同じ強い意志を持つ者同士と絶えず助け合うことが必要となる。


頭に浮かぶあらゆる思考は、日々の生活を通して何度も意識の中で繰り返されるようになる。それをずっと繰り返していくと一定のリズムをつくり出す。

思考でも不安なことを何回も何回も考えると、一定のリズムでそれが繰り返されていく。

これは宇宙の法則とも言える。

最初は習慣から始まり、それを繰り返すと一定のリズムを刻み出す。

リズムというのは習慣の最終段階である。

どんな思考も、身体の動きも、何度も何度も繰り返されるうちに、習慣の原理によって最終的に一定のリズムを形成する。

そうなると、その習慣を壊すことはできないのである。

渦に巻き込まれるようなもので、一旦巻き込まれるとぐるぐると回転を始め、二度とそこから逃れることはできない――ナポレオン・ヒル著『悪魔を出しぬけ!』


麻耶は、この本を与えられて読んで感動し、この本を持ってきた彼はやはり「どこの星から来た人なのだろうか？」と考えたりしていました。

たくさんの人に知ってもらいたいと考えて、一番伝えたいところ書き出しました。皆さんはどのように感じられるでしょうか……？

麻耶は次第に、人体から出るオーラの素晴らしさに気づいていったのです

喫茶店を開いてさまざまな人々に出会いました。

また、素敵な絵とイラストをお仕事にしている彼を見ていると、私は宇宙人のような人だと思うのでした。

「先日いただいたナポレオン・ヒルの本を読んで、驚きとともに長年封印してきたという意味がとてもわかりました。けれど、実に素晴らしい視点で書かれている本だと私は感動しました。お持ちくださり、ありがとうございました」

「そうですか。きっと麻耶さんなら、この本を読んでわかってくださると思っていました」

やがて、彼との作品もいくつか完成していきました。

次第に、私たちの会話も互いに喜び合うようになっていました。

ふたりの作品が人々を勇気づけ癒せる作品にするために、とても大切な意見交換をしていきました。

初めあまり話すことも苦手だった彼が、たまにジョークも話せるようになりました。

すると麻耶は、彼のオーラが優しく変化してきたことに気づいて、嬉しくなっていたのです。

気づくともう一年半くらい経過してました。

麻耶は、以前から人々のオーラが見えるようになっていましたが、他の人々には見えない世界をどのように捉え、生かした説明ができるのかがわからないままでいたのです。

ある人をしっかり集中してオーラを見ようとすると、まず頭の上に天使の輪のようなとても美しい輝きの二重になっている輪がはっきり見えるのです。

中には、あまり輝きを見せない方々もいました。

また、どこか身体の中に病を持っている人のオーラはその悪いところが薄暗く見えるのです。

身体の中にいくつもの色彩を変えたオーラが見えるのはなぜだろうと思い、麻耶はオーラについていろいろ学んでみました。

すると、身体の背骨をとおした各器官に働いている臓器などが、人々によって違う大きさや輝きになって見えるのです。

それは、人体に七つある大きなエネルギーポイントであって、スピリチュアルな世界では「チャクラ」と指し示すことを学んで理解しました。

だからこそ、各人の思うことによる〝感情〟とは素晴らしいのだと気づきます。

不思議と何かワクワクするような物事や人との会話になっているときには、人々から出ているオーラがさまざまな色に変化していることに気がつくのです。

また、悩みを持っている人にもそれがオーラに表れ、悩みが解決し喜び始めると見事に輝き出すのです。

麻耶は考えました。「すべての人々が、今、麻耶に見えているオーラが見えるなら、どんなに迷ったり疑ったり自信を失ったりしないで、現在の自分をちゃんと知ることができるのに……」と。

このオーラの世界が見えないということが、とても残念だと思うのでした。

個性、輝きをたくさん持っている人と、いつも不安で自信がもてないでいる人の出しているオーラとは、こんなに違いがあるのだと気づいたことに驚くのです。

ここで麻耶は、以前に不思議な仙人のようなお爺《じい》さんに呼び止められて、とても大きな外側のオーラが一万人に一人の大きさで天に繋《つな》がっていると言われたことを、時折思い出していたのです。そして、お爺さんが「やがて大きな使命がやって来るよ！」と言っていたことにも気づきました。

本人が気づいていないとても輝く大きなオーラを持っている人々が、自らの意思や働きをどのように生かしたら世のため人のために生かされていくのかを気づくことができたら、世界のいわゆる共時性《きょうじせい》という次元や、人類の集合意識のポジティブな方向づけに、素晴らしい働きかけができるに違いないと思いました。

なんの目的で今回地球に生まれたのかを、麻耶は自分に問いかけ始めます

麻耶がある夜静かに瞑想していると鮮やかに、リチャードお兄さまが会いに来てくださいました。

「麻耶に知らせたいことがあって来たんだ。これから地球の再構築がすごい速度で始まるんだよ。この三次元が変化するんだ！　地球の本当の歴史観は宇宙から見ている地球の歴史とはすごい違いがあるんだよ。これから太陽系の歴史をやがて知ることになると思うけれど……」

「お兄さま、地球の再構築とは、どのようなことが起きるのでしょうか？」

「地球の再構築というのは、長年支配し続けてきた劣等的宇宙人たちが銀河の法に裁かれ、地

球が生まれ変わることができるんだよ」

「お兄さま、なぜこれほど地球が支配され、人類が苦しまなければならなかったのですか……？」

「それについては、神々の世界との分離が生じ、人間個々の魂が神由来であることに気づかないこと、また愛よりも遙《はる》かに上回る恐怖心などのさまざまなネガティブな感情を発していることにより容易に『洗脳』され、これまで政治・宗教・経済などが故意に支配・コントロールされていたからなんだ。

この誤った『洗脳』を洗い流し完全に変えることができれば、地球の文明は飛躍的な進歩を遂げることができるんだよ。この時代に合わせて準備ができた人々は気づいているはずだからね」

「では人間は、長年の洗脳から解放されていくのですよね……!?」

「本来、自分たちの住まう美しい惑星で憩い、自由であるべきなのに経済に縛られ、『なぜ貨幣を使わなければ生活できないのか？』ということに気づかなければならないよね。だから、これまで洗脳され自信を持つことができずにいる人々の心の弱さが、どれほど正しい意志を持って変化し、個人で四次元に到達できる者たちがいるのかを、銀河連合の人々は絶えず見守っているんだよ」

「見守っているだけではなく、宇宙からの奉仕者たちがたくさんいて、できるだけの援助をしていますよね……!?」

「今、地球の人々の中で『アセンション』という考えや概念が広がっているけれど、地球そのものは、四次元に入ることがまだできないんだよ。

これから地球の再構築が起きていくなかで、善良なＥＴ種族たちは、絶えず人々を見守り静観し、この支配・洗脳から解放された地球人が何を望んでいるのか、どんな存在になりたいと思っているのか、思考や行動を観察しているんだよ」

「えぇー、そんなことが起きているのですか？　では、現在地球の周りにどれほどの宇宙船が取り巻いているのですか？　お兄さまの話を聞いていると理解できる人たちは本当に変化していくのではないかと思うのですが、いかがでしょうか？」

「麻耶、今〝次元上昇《アセンション》〟をしたいと望む人々に知ってほしいことは、自己の〝感情〟をコントロールすることが大切なんだ……だから怒り、迷い、自信を持てない劣等感などの〝感情〟を手放すことなんだ！　絶えず神の愛に包まれていて、日々祈り、自分ができることで社会の役に立っていたら、未来が素晴らしい世界に移行できるんだよ」

「お兄さま、私は宇宙船の情報も知りたいのです……」

「アンドロメダからの情報によると、モルネーの宇宙船は三次元ではなく、違う次元でつくられているんだ。宇宙船は操縦者の意識による操作で、自在に次元間を飛ぶことができるからね。ものすごい大きな宇宙船なんだよ。アメリカと同じくらいの大きさの宇宙船もあるんだ。われわれの太陽系のこの次元に来るときには、ポータル――地球にあるエネルギーの通路――を使って、われわれの環境に合わせて空間を創造し、サイズを自由に縮小させることもできるんだよ」

「えぇー、びっくりします！　お兄さま、やがて地球の人々もそんな宇宙の人々に会うことができるようになるのですか？」

「それは、いつとはまだ言えないが、必ずやって来るよ。すでにこの地球では貨幣の価値が金本位に変わり、そのシステムは十五年くらい続くとされているんだよ。また、教育・医療・政治・経済これらすべてが、宇宙の叡智《えいち》と助けを得て大きく変わろうとしているんだよ」

「そうなんですね。嬉しい、ワクワクしてきました……」

「モルネーの宇宙船は船自体がメドベッドだと知らされているから『メドベッド』で調べてごらん。すごい次元の医療なんだよ。宇宙船に搭乗しているメンバーを周波数で治療したり、必要な栄養素を与えたりするんだよ。意識の周波数で繋《つな》がっているからどんな病をも治療できるんだ。未来に人々から病がなくなるんだよ。そんな驚くことが可能になるんだ。異なる星のシステムに合わせて周波数をとにかく調整してくれるんだよ」

「現在の私たちの社会では、まだまだお兄さまのおっしゃっていることが理解できないと思うのです。メドベッドとはどのようなものなのですか？」

「病気を治し、DNAを修復することができる医療ベッドのことで、銀河連合の世界では当然のように使われているし、死ぬこともなく病も心配することがない、進化した医療テクノロジーなんだよ」

「そのような素晴らしいテクノロジーやシステムが、やがて地球にも与えられるようになるのですね。素晴らしい未来ですね。けれど、なぜ数千年もの長い歴史、地球人は奴隷のような呪縛された生き方をしなければならなかったのでしょうか？」

「地球人はね、さまざまなＥＴ種族たちによる遺伝子操作に関与させられていて、今に至っては隠された二十数種類のＥＴ種族のＤＮＡを持つようになっているんだ。特に、現在の日本人が、最も時代を変える使命を保持して生まれてきているんだよ。
闇側はそのすごいＤＮＡを持っている日本人たちを遺伝子的に破壊し支配しやすくするために、まさに二〇二〇年から騒がれている『パンデミック』を仕掛けて、人々の遺伝子コードを組み換えようとしてつくられたｍＲＮＡワクチンなどを製造し、人類を減らそうとしてきたんだよ。これが闇側の策略だからね」

「遺伝子操作、とっても怖いですね。でもその策略、私の友人たちは見抜いていますよ……」

「また策略といえば、この地球の地表はとても危険なんだよね。最近の地震や水害もほぼ人災なんだからね。

だから銀河連合が外から見守り、危険な破壊兵器の使用などには必ず監視がつくようになってきているんだよ。これまでに核の危険な使用を止めたことも何度かあるんだね。この天変地異を意図的に起こせる技術を提供してきたのも、闇側と組んでいる宇宙人のグループなんだよ」

「お兄さま、本当に宇宙戦争そのもののようなことが、これまでたくさん起きてきたんですね」

「地球外には、まだダーク・スペース・フォース——宇宙のブラックホール的な闇の空間——も存在しているからね。本当に酷いことをしてきたんだよ。人身売買が行われ、子供も大人も他の星に連れていかれ、奴隷にされていたりしたんだ。映画『スター・ウォーズ』と同じようなことが実際に起きているんだよ」

「人間の目覚めを助けるために、私は、どのようなことがこれからできるのでしょうか？」

「麻耶は、なぜこの度地球でたくさん辛い体験をしなければいけなかったのかが知りたいんだよね？」

「そうです！」麻耶はうなずきました。

「それはさっきも伝えたとおり、もともと地球人は神と繋《つな》がっているけれど、それを意図的に切り離したくて、支配しようとした宇宙人たちに見事にマスコミなどで嘘《うそ》ばかりつかれて『洗脳』されてきてしまったんだ。だから、あらゆる意味で鈍く弱く自信の持てない種族になってしまった日本人たちに、麻耶は、真実を知らせなければならない、という仕事が待っているんだよ。

麻耶は、結花の自殺を通して苦しまなければならない答え探しがあったよね。だから、今世の使命と課題になっていることは、なぜこの地球で最も宇宙の創造の源に崇高なエネルギーとして繋がるはずの男女の愛の仕組みが封じられ、汚され貶《おとし》められてきたのかを……、またこの日本から〝聖なる性〟がどれほど神の世界に繋がっている大切な真理であるかということを……、知らせることになるんだよ」

「本当にありがとう、リチャードお兄さま。私は、この後どのように生きたいのかを、日々見つめてみますね。何を望んでいるのかを、よく瞑想してみます……」

素晴らしい時代の幕開けが始まったのに、麻耶の周りにはまだ苦悩する人々がいるのです

麻耶は、そんなことを考えながら過ごしているうちに、気がつくともうお店を開いて二年が過ぎているのです。

麻耶の妹は地方に住んでいるのですが、隔月ごとには会えて美味しいものを食べに行ったり、たまには温泉に家族で行ったりしていたのです。その大好きな妹が、麻耶が止めても止めても家族とともにワクチンを打つのです。

そんなある日、泣きながら麻耶の親友から電話が来たのです。親友の子供さんが「ワクチンを打って、まもなく亡くなってしまった……!?」と。そして「どこの機関にどのように相談しても、理解してもらえない……!!」と苦しんでいました。

マスコミを信じて人々は、予防のためとワクチンを打つのです。

そんな人々は、みんな素直で素敵な人々です。

また、まさに政府・マスコミ・国の内外の機関・その他の仕組みすべてで、驚くような「パンデミック」が引き起こされ、堂々と国の政策によって言われるままにワクチンを打った人々が大勢いて、世界の中で亡くなる人が日本が一番多いとされています。

これから数年のうちに身体に変調をきたす人々がたくさん亡くなっていくとのさまざまな知らせを見ていると、悲しくなってしまいます。

麻耶は、意識の方向性の違いでこれほどの運命を分けるのかと辛くなり、いろいろとたくさん学んだはずの自分にできることがないことに、力のなさを感じ落ち込んでしまうのです。

これほど地球が大きく変化しようとしているときに、麻耶は、どのような方法でその崇高なる愛の大切さを知ってもらうことができるのかをいつも考えているのに、答えを見つけられないでいるのです。

「お母さん、ただいま！」子供たちが大きな声で、ふたりとも「お腹が空いた……」と着替えをしながらその日にあった出来事を元気に話す姿を見て、麻耶は救われるのです。

子供たちのために料理の腕を振るい、また、未来の子供たちを守りたいと本当に思うのでした。

希美と健の笑い声を聞きながら、今夜こそしっかり自己の魂に向かおうと思うのでした。

そんな時に、いつも今の現実社会における日々の変化を知らせてくれる、信頼している親友から夜にメッセージが届きました。麻耶は子供たちが寝るのを見届けて、その知らせを読みました。

〝アドレノクロムの酷さ〟……「アドレノクロムは、一リットルで二・二億ドル（三二〇億円）で販売されています。それが、最も裕福な人々だけがそれに依存しているのを目にする理由です。一リットルを生産するには一〇〇人強の子供が必要です。彼らは誘拐された子供たちを繰り返し感電させ、拷問をしてから血液を抜き取ります」――

そこには地下に囚われていて酷い姿で写っている、子供たちの姿まで送られていたのです。麻耶は、これまで抑えてきた悲しさや無力さが一度にきて、家の外に飛び出して号泣してしまいました……

〝なぜこんなにも酷いことが、この惑星で許されているのでしょう……!?〟
〝私が聞いた中で、最も邪悪で卑劣なことです……!!〟

また、驚くようなパンデミックがこれからも起こるという情報も拡がりを見せはじめ、これから数年の間にたくさんの人々が重い後遺症で、やがて霊界に帰っていくことになると思います……身体中から悲しみが湧くのです……

〝何が、神の『宇宙の法則』なんでしょうか……⁉〟


――麻耶が愛の波動領域から急降下して、ネガティブな波動領域にドップリと浸っていたその時、モニタリングしていた〝光球《UFO》〟が忽然《こつぜん》と出現‼

泣いている麻耶の身体が急に何かに包まれ、暖かく軽くなってきたのです……


《愛するマヤ！　可哀想に苦しいのですね……

どんなにファミリーがいても、マヤが命を懸《か》けて戦えることがないと苦しいのですよね？

愛おしいマヤ！　だから母は、この悲しみの星・地球に来ることを止めたかったのですよ。

私の大切な娘マヤ！　……いつも母はあなたを守っていたのですよ。

結花もいつも見守っていますからね。

これから麻耶を誰よりも大切に想う、使命を持って会いに来る男性がいますからね！

もう泣かないで、あなたは「虹の王国」のあの眩《まばゆ》い〝太陽の娘〟ですからね……》

「お母さま！　来てくださったのですか……？　私をこんなに暖かく抱いてくださり嬉しいです。心配をおかけしてごめんなさい。

私は、この地球に自分で望んで降りてきたのですよね。ユリウスに会いたくて会いたくて、こっそり来てしまいました。何度もこの地球で再会してきたことは、お兄さまたちから聞きました。

けれども、結花を失い、優しかった夫まで亡くしてしまい、可愛い希美や健がいますが、今営業している喫茶店での日常では、私が本当に望んでいる魂からの目的や使命だとは思えないのです。やはり愛するユリウスに会いたいし、また残す言葉も交わせずに亡くなった優しい夫にも会いたいです……」

そう話しながら、麻耶は涙が止まりませんでした。

その夜、やっと寝ついた麻耶に、サーシャーが夢の中で話しかけてきたのです。

「麻耶、可哀想に……辛かったのね！

……ここで、なぜこの度、麻耶は日本に生まれたのかを知りたいですよね？」

「はい、ぜひ知りたいのです。教えてください！」

「この地球で日本という国とその民は、他の諸国やその民族よりもとても特殊な存在なんですよ。人種として日本人の血を引いているからだけではありません。やがて来る五次元へと誘える〝**この星の土台となれる人種**〟であって、それはすべてを体験し、何百万年にわたってこの惑星地球で繰り広げられてきた大いなるドラマの中で、特別な役割を引き受けることに同意している存在なのです。

今の日本人は、ＤＮＡの中にレムリア民族、アトランティス民族の主要な特性・能力などを資質として融合し、個人の能力として持っているのです。そして、〝**宇宙の創造神の愛**〟……すべてが神の子としての自覚を伴い、争いを嫌い、優しさと愛情を内なる力として持っているのです。さらに、これまでもその素晴らしい資質や属性は、時として栄光に満ちた形で演じられてもいたのですが、何度も何度も劇的なドラマが歴史の中で演じ繰り返されてきた中で、他の国々よりも正直で優しいので、耐えてきたから鍛えられ、強くなっているのです」

サーシャーは、一呼吸おいて、麻耶の反応を確認しながら続けます。

「神の計画する宇宙的サイクルの重要な頂点に達する時がこの惑星に来ることを知り、次元移行するために、それぞれ特定の役割を果たすための特別なグループが招集されているのですよ。その最も大切な目覚めのためのエネルギーが注がれているのも、今なのです。今ここの惑星地球は急速に発展しつつあります。

だからこそ、時代の変化を受け入れて、今日本に生まれてきた人々は、過去の苦しみを癒し、この宇宙にみなぎる愛・喜び・安らぎ・豊かさ・美しさを信じて、自分自身を愛し尊敬しなければならない時なのです。寂しさ・虚しさ・怒り・恐怖に捕まらず、すべてをあるがままに許し、生きることを日々楽しみ、周囲を愛してほしいのです……!!」

「サーシャーお姉さま、素晴らしいですね！　日本に現在いる方々は、本当に愛されている特別な魂の人々なのですね。麻耶はこの体験を忘れずに、必ず大切な役割を成し遂げますね。感動いたしました」

「麻耶まだ今夜は驚く報告があるのよ？

麻耶が見初められて結婚していた彼が、霊界で素晴らしい意識の学習を重ねていて、私たちの王国に父を訪ねてきたのですよ」

「えっ……そうなんですか？　驚いています。それでお父さまとどんなお話ができたのですか？　教えてください！」

「彼は、麻耶が地球で男性として活躍していた頃から、何度もそばにいて戦ぃをともにしてきているし、あまり名前も知られていない麻耶が女性としての生まれ変わりの時も、夫だったり、兄弟だったり、子供の麻耶を大切に育ててくれた親であったりしてきたのですよ。

とにかく『麻耶が大好きで、麻耶のためなら何でもできる』と決めているような、彼の魂なんですよね。彼は、麻耶が誰よりもユリウスを愛し探してきたことも、重々承知しているのですよ。また彼は、麻耶にしかできないこの現在の地球での使命に、遼との結婚生活のままでは麻耶の使命は果たせないと気づき死を選んだ、と言っていますよ。麻耶をユリウスに会わせたいと願い、彼を探してきたそうです。お父さまにお許しをいただきに来たと言っていましたよ」

「えぇー、お姉さま、驚きますよね。そんなお話が聞けるなんて、思いもしませんでした。お父さまは、なんとお答えになったのでしょうか？」

亡くなった麻耶の夫が、虹の王国の父に願いごとをしに会いに行っていたのです

麻耶は、サーシャーの夢で驚いたのですが、やはりレナードお兄さまにお会いしてもう一度確かなお話をお聞きしたいと思い、次の日の夜に「お兄さま、ぜひ私にご連絡してください。とてもお会いして伺いたいことがありました」と祈りました。

すると二日後に会いに来てくださると、お返事がきました。

私はいろいろ考えて夜もなかなか眠れなかったのです。

その約束の日、午後から店のことはお手伝いの女性にお願いして、私は指定された場所に出かけました。

とても気のよい素敵なレストランです。

レナードお兄さまが、先にニコニコして待っていました。

「いやぁ……麻耶びっくりしたろうね。麻耶があまりに苦しむ姿を見ていられなくて、お母さまがいらっしゃったようだね。麻耶の真剣な思いにちゃんと返事をしなくてはならないと思い、昨日は、僕がお父さまに経緯をちゃんとしっかり伺ったからね」

「そうだったのですか⁉　お父さまはなんてお話になられたのでしょうか？」

「麻耶の亡くなった夫の遼《りょう》さんはね、麻耶とは幾世代の歴史から虹の王国の民であって、麻耶を幼い頃から知っているんだ。やがて麻耶が美しく成人してからは、ユリウスと愛し合う仲であったことも知っているんだよ。けれど、麻耶がひとりでユリウスを探しに地球に降りた頃から、遼は麻耶を助けに行ったんだよ。エジプトやインカ、中国などさまざまな国々の歴史の中で、どこかで必ず命懸《が》けでサポートしてきているんだよな！」

「えぇー、それは本当なんですね……。サーシャーお姉さまからも伺っていました。それでこの度の麻耶が辛い運命の場所に生まれたことも知って、職場で見初めてくださって結婚できたのですね。本当に優しくしてくださり、良い子にも恵まれて私は幸せでした……。けれど、なぜあれほど急に、お仕事中に心筋梗塞で亡くならなければならなかったのですか？」

「実はそこには深い経緯《いきさつ》があったんだ。麻耶は、この度何度も生まれ変わって、探していたユリウスに巡り会ってきたよね。そのふたりの愛の深さも、実は遼は誰よりも理解しているんだよなぁ……。だからこそ遼は今の自分が本当に求めている、麻耶の幸せには相応しくないと思っていたんだよ。また彼も虹の王国の民だから、瞑想や睡眠どきに身体から抜け出して、何度も何度もユリウスを探して、いろいろ話そうとしていたんだそうだよ」

「えっ……そんなことを、遼さんは、考えていたのですか？」

「なぜなら、やがて大切な長女の結花が命を断つことも、運命として持っていることも、魂が知っていたから、その後の麻耶の悲しみを癒せるのはユリウスしかいないと考えたんだよね。だから遼さんは亡くなってから、ユリウスを探したけれど会えなかったんだよ」

「本当ですか⁉　どうして遼さんは、ユリウスに会いたかったのでしょうか？」

「麻耶は虹の王国にサーシャーに連れられてきたよね。だから、わかるだろう……崇高な強い愛の波動はどこまでも求める世界に届くのだよ。だから、やがてきっと会えることになると思うんだよ。彼は霊界でものすごく学んでいて、麻耶を愛し大切に想うからこそお父さまに会いに来て、ご相談をしたんだそうだ」

「お兄さまは、ふたりがどんな話し合いをしたのかをご存知ですか？」

「それは麻耶、また驚くのだが、虹の王国には先に結花がいるよね。虹の王国のお父さまに会いに行った遼さんは、結花に会えたからね。ふたりは抱きしめ合いながら泣いていた、と聞いたよ」

「嬉しいです。私も幸せで胸がいっぱいです。結花は、大好きなお父さまの遼さんに会えたのですね」

麻耶は涙を拭きながら「お兄さま、お話を聞かせてくださってありがとうございます」としっかり手を握るのでした。

「この後の話と成り行きは、また、サーシャーから聞いてほしいね。なぜなら世の女性たちがいかにして目覚めることができるのか……とても未来に関わる内容のようだから、僕は、今日はここまでのお知らせですね。麻耶、しっかりこれからの使命を実感してほしいね」

麻耶は、サーシャーお姉さまにお会いしたいと、静かな夜に瞑想しました。

すると、サーシャーからのお知らせが来ました。

「麻耶、ここからの大切なお話——お父さまと、リチャードお兄さまと、また遼さんとのとても大切な相談のお話――を麻耶にするには、最適な時《とき》をみて、リチャードお兄さまが麻耶と相談することになりましたよ。ここから大きく未来が導かれて行きますからね。安心して連絡を待っていてね。ただこれだけは伝えておいてほしいと言われましたよ」

「え……お姉さま。どんなお話でしょうか？　ドキドキします」

「ユリウスが地球で転生した最後の人物は『ヴィルヘルム・ライヒ』――とても苛酷でダイナミックな人生でしたから、麻耶に学んでいてほしいと言われました。

ユリウスは麻耶と出会って愛し合い、空海や信長の体験を得たからこそ、この地球では誰もできない封印された〝聖なる性〟を解き明かしましたよね。ライヒは、生命エネルギーに関する論理的に素晴らしい研究を重ねて各国を渡り、生命の真の救いを啓蒙した人物ですよ」

「そうなんですか？　驚くことばかりでとても戸惑っていますが、ユリウスの魂が生まれ変わった方をしっかり学んでみますね。では、リチャードお兄さまからのご連絡をお待ちしています。お姉さま本当にありがとうございます。結花をよろしくお願いします」

麻耶は、ヴィルヘルム・ライヒの資料をたくさん取り寄せ、ひとり静かに寝る前に学び始めました。

真に創造的に自由になるには、宇宙の源である陰陽の法則を知ることである

一九三九年、亡命先のノルウェーのオスロ大学で性科学を研究中に、培養基の中で激しく動く青い光を発見し、自然界に満ち溢《あふ》れている生命エネルギー「オルゴン(Orgone)」――「生命体(organism)」と「オーガズム(orgasm)」の造語――を発見した、オーストリア生まれのヴィルヘルム・ライヒ（一八九七年～一九五七年）という、画期的な大発明家がかつて存在していました。

若き日の彼は、ドイツ共産党の闘士であり、またフロイトの直弟子でもありました。マルクスの思想とフロイトの精神分析を統合させようと試み、「プロレタリアートの性的欲求不満が、政治的萎縮を引き起こす」「ナチスに代表されるファシズムは、性的抑圧によるノイローゼ患者のサディスティックな表現である」などと主張し、性を肯定する独自の理論を展開した精神医学者でした。

彼は、一九三三年、ドイツ共産党から除名され、ナチス・ドイツ政権から危険視され、ストックホルムやオスロを経て、一九三九年、四十二歳の時、アメリカに亡命するのでした。

ライヒがフロイトの弟子になろうとしたのには理由があります。

彼の父は、厳格で権威主義的なユダヤ人でした。

一九一〇年、ライヒが十三歳の時、彼の母が、夫の長期にわたるパワハラに耐えかねて自殺したのです。

その原因は彼が、母と彼の家庭教師との性行為を目撃したことを父に告げたからだ、と言われています。彼の父は、妻に辛くあたったために妻の自殺を招いてしまったことを悔い、およそ四年後、妻を追うようにして、自殺に近いかたちで病死したとされています。


その結果として彼は、性というものの愛と冷酷さに自分も責めることになり、現代の性教育・心理療法・ボディワーク・フェミニズムなどに繋《つな》がる学びと研究に没頭しました。

それは、地球人類が長い歴史の間、誤った方向性へと進んできた性の禁欲・乱用へと従属する誤りから解放され得る、真の生命力の昇華であり、人類の向上発展に力を尽くしたのでした。

彼は、宇宙の陰陽の二大法則である、男女の陰陽の交流が正しくなされていないために、現代の人々は身体と心を「鎧化《よろいか》」させていることに気づいていたのです。

彼は、人々が日常的な男女の消耗的な触れ合いで満足し最も低い段階にとどまり続け、性の乱用にふけってては消耗してやがて死んでいく状況を憂いたのです。

そして、愛の豊かさと健康を取り戻す方法として真に変革できる方法の実験を重ね、ライヒは「オルゴン・エネルギー」を発見したのでした。

それは、真に創造的に自由になり真の愛と健康に至るには、愛と献身の感情的な世界ではなく、肉体的苦行や、知識と修練などによる意識の拡張のような修行方法で学ぶには不充分であり、宇宙的な規模で「生命的科学の法則」を正しい知識として学ぶことの必要性を発見したのでした。

彼は、陰陽の交流が正しくなされている男女のカップルから引き出されるエネルギーが、あまりにも素晴らしい結果を生むことを、彼が発見した「オルゴン・エネルギー」の実験で掴《つか》み取ったのです。

自在に気象操作ができる「クラウドバスター」の誕生

ライヒは、子供の頃から特種な超視力的な能力を持っていました。

彼は何もない空間といわれているなかには、不可視のいろいろなエネルギーが飛んでいることに気がつきました。それは、太陽や太陽系の中の各惑星から飛んでくるエネルギー放射であり、また北極星や他の天体からも螺旋状に渦を巻いて、右回りのエネルギーや左回りのエネルギーが飛んできているのです。

ライヒは、男女が愛し合いながら交わるときに、最も強力な有機的な「プラーナ」となって見える発見をしたのです。

彼が見たものをわかりやすく説明するなら、これが「プラーナ」と言われる各生命体から発せられているエネルギー波動であり、生命体が正《プラス》と負《マイナス》の両極をもっていて、自然界に遍在・充満するエネルギーを、人々は個別な磁気エネルギーとして備えている、と言っています。

すべての人々が、この愛をもって交わるときに、さまざまなオーラを発揮して宇宙と見事に繋《つな》がっていく様子に感動したのです。

それは、身体も心も見事に健在なものに変化させていくのです。

まさにそれは、宇宙的なゼロポイント磁場をつくっていたのです。

またライヒは、素粒子よりも小さいこの有機的な「プラーナ」を意識の集中による作用によって、自由な宇宙力を獲得することができるとし、その方法を物理学的に完成させました。

人類のさまざまな病気を克服し、生命を長寿として保ち、また必要であれば複雑な有機的結合法を用いてこれらを集め「オルゴン・エネルギー」を集束し、人々の病を治していきました。

その原理をさらに深く研究したライヒは、「オルゴン・エネルギー」が水に引きつけられることから、長い金属パイプを井戸に入れてそれを雲に向け、雲のエネルギーを自在に操ることができる「クラウドバスティング」という技術を発明しました。

大自然に向けて有機的な「プラーナ」を集束させ、雲を寄せたり、また、厚い雲を散らしたり、必要であれば雨を降らせたり、自在な気象コントロールが可能となる大発見をしたのです。


一九五四年、ライヒは、オルゴン療法が癌《がん》治療の不法製造販売に当たるとして訴えられ、裁判を起こされました。

その後、裁判所はライヒの全著作の出版の差し止めを命じ、言論弾圧や焚書《ふんしょ》が行われてしまいました。

また、裁判中に妄想性精神病との診断を受け、さまざまな迫害を受けました。

一九五七年、アメリカのペンシルバニア州ルイスバーグにある連邦刑務所において、ライヒは六十歳で悲惨な獄死をしているのです。

ライヒとともにオルゴン・エネルギーを学び資料を隠し持っていた、たくさんの弟子たちや賛同者が、やがてライヒの研究を世界中に広め、生かすことができたようです。


麻耶は、ヴィルヘルム・ライヒの生涯を知り、どれほどの大事業を成したのかを知りました

ライヒの生き方を学び知ることができた麻耶は、彼を誇大妄想狂として一般的に思わせ、扱われてきた生き方に対し、胸が痛む思いをしたのでした。

この時代、ヒトラーが世界を混乱におとしいれ、彼らの思いどおりに人類を洗脳しようとしていたために、ライヒの人生で深い研究を重ねた真理は葬られなければならなかったのだと思うのでした。

二十年も彼は迫害され、投獄されながらも、命懸《が》けでそれほどまでして守ろうとしたものはなんであったのか……？

二十一世紀を迎えて、彼の発明が現在世界の学者たちに広く評価され、認められる時代を迎えています。

麻耶は、つくづくライヒの生き方を学んで、かつてユリウスが地球に来て、まさに真理を『理趣経』や「真言密教」などを体得したがゆえに、いかにこれだけの真理を世界の人々に向けて知らせようとしていた魂が成せた業績であったと、胸を熱くし感動したのでした。

虹の王国で計画された、驚くような未来の出会いが始まります

リチャードからいつ知らせが来るのかと考えながら過ごしていると、レナードから連絡が入りました。

「麻耶、大切な知らせが今夜、リチャード兄さんから入るので、麻耶も準備して兄さんからの知らせを待っていてほしい」

「了解しました。お知らせありがとうございます。お兄さま、なんか私はドキドキしています」

それから麻耶は夕食を済ませ、子供たちとたくさん語らい、子供たちが眠りについた後、瞑想を始めました。すると、リチャードが話しかけてきました。

「麻耶、これから大切な話をするね。

虹の王国のお父さまのところに、遼が会いにきたことは聞いているよね。遼がお父さまに会いに来れるようになるまでは、霊界において相当な修行が必要だったと聞いているよ。彼は霊界でユリウスと相談すべく、何度もユリウスを探してきたと言っていたよ。なぜなら、麻耶が地球にきた理由がユリウスを探しに降りてきたことを、遼は知っているからね。ふたりがどんなに求め合い愛し合ってきたかを、遼は知っているんだよ。

だから、この度、麻耶がとても大変な試練を受けながら生きていることを知った遼は、麻耶を護りたくて結婚を申し込んだと言っているよ。けれど、遼の父が亡くなって遼の仕事が次第に忙しくなり、気がつくと麻耶の魂の抱えてきている真の使命を果たすための役割に、遼は沿うことができないことに気づいたんだ。また、ふたりの間にできた愛おしい結花が背負ってきた過酷な宿命もわかっていたから、どれほど麻耶が傷つき苦しむことになるかも、遼の魂は知っていたんだよ。だから、ユリウスに麻耶を幸せにしてほしいと思い始めたんだ。その結果、麻耶が知っているとおり、遼は麻耶に言い残す言葉も残さず亡くなっていったよね。遼は、麻耶に自分の思いを伝えることなどはとてもできなかったと、お父さまの前で涙をこぼしていたよ。

お父さまには会えたけれど、遼は、ユリウスには会えなかったんだよ。なぜなら、今のユリウスは、地球という惑星が新時代を迎え変化することを知り、銀河連合の中で誰もができない重要な使命を得て、宇宙船で最も活躍しているからね。

お父さまは、遼の魂の、麻耶やファミリーを想う熱意ある優しさに心を打たれて、僕を呼んだんだよ。僕はその話を聞いて『お父さまなら、ユリウスに交信して相談することができるよね』と話したんだ。するとお父さまは『今の麻耶をどうしたら、遼が一番望む、麻耶が抱えてきている使命を果たし最も幸せになることができるのか？』と問いかけるんだよ。それで、僕はお父さまに『遼の魂がライトワーカーのひとりを選んで、ウォークインさせよう』と相談したんだよ。『その選ばれたライトワーカーと遼が一体となり、麻耶にしかできない使命をともに達成させよう』という話になったんだよ。その時、ふたりの歩みのなかには、ユリウスの意識と必要なアイデアや導きがともにあるように、お父さまはユリウスと話し合ってほしいとお願いしたんだ」

麻耶は、リチャードの知らせを聞きながら、涙が止まらなく流れるのでした。

「遼さんが亡くなってから、気づけば四年ちょっと経っていました。……大好きな遼さんが、そんな想いをもってユリウスに会おうとしたり、お父さまに会いに行ったなんて考えてもいませんでした。……お兄さま、今お話ししてくださったようなことが、本当に起こるのでしょうか……？」

「そうなんだよ。お父さまと遼と僕とで話し合った結果、この計画に相応しいライトワーカーを選び出し、現在地球にいるレナードに適切な時期と方法によって会ってもらい、その選ばれた方とともに麻耶に会いにいくことになるからね」

「私は、この度の想像もできないお話を聞いて、本当にそんなことが可能なことなのかと驚いています。リチャードお兄さま、虹の王国のお母様をはじめ、ソフィーお姉さまやサーシャーお姉さまも、皆さん了解してくださっているのですか？」

「もちろんファミリーとは話し合いの結果だよ。これから麻耶は、遼とともにとても大きな使命を持って、最も穏やかで平和だった縄文時代の愛のあり方を、世界に発信していくことになるからね。ファミリーの僕たちは、みんな応援して見守っているからね」

霊界での遼の麻耶への愛が起爆剤となって、麻耶の運命が大きく変化するのです

麻耶は、リチャードからの話を伺ってから、どこか落ち着かない思いで日々を過ごしていました。

今から約四年前に亡くなった遼さんがお父さまに会いに行って「麻耶の抱えている使命を全うさせたい」とお話ししてくださったことを聞いて、本当に大切に愛されていると、麻耶は胸を熱くさせていました。

また、いつレナードから連絡が入るのかはわかりませんが、麻耶がこの人生において成し遂げたい使命とはなんであるのかを、しっかり見つめ直そうと思っていました。

何も知らずにとても元気に過ごしている希美と健のことを考えると、遼さんがやがて姿を変えて会えるなんて話は、とてもできないと思うのでした。

お店のお休みの日に、ゆっくり子供たちを、プールのある大きな温泉に連れて行きました。

気がついてみると、希美は、高校生になり思春期を迎え、とても女性らしくなっていました。また直感が鋭く、たまに希美の話を聞いていると麻耶が驚くようなときがあります。

そんなときに、聞かされていた、すごいふたりの過去世を思うのでした。

健は中学校に入りました。いつも活発でイタズラっ子ぽかった健が、近頃はとても頼もしく成長したと思うのです。

三人で一度行ってみたいと思っていたプールのある大きな温泉では、バイキングレストランで山盛りのご馳走を子供たちと楽しみにながらいただきました。

健は「お母さん、プールで泳がないんだね。僕たちは思いっきりお姉ちゃんと泳ぎを競争して楽しんだよ」と弾んだ声で希美と喜び合っていました。

麻耶は、久々に穏やかで幸せな時を過ごせたのです。

いよいよ、レナードが連れてくる遼さんにお会いする時を迎えます

「麻耶、あれから約三か月が過ぎたね。

お父さまやファミリーと相談した結果、素晴らしい人材を探せたんだよ。その人は家柄も良く財力もあり、また実に健康で誠実な人なんだよ。遼にファミリーが選んだ人をしっかり見てもらった結果『素晴らしい方をお探しいただきまして、誠にありがとうございます』と、彼は話していたよ。麻耶より六歳くらい若い人なんだよ。誰もいない麻耶のお店に連れて行こうと思うのだが、麻耶はいつなら都合がいいのか知らせてほしいんだ」と、レナードから連絡が入りました。

どこか落ち着かない思いでこの三か月を過ごしていた麻耶は、「いよいよ遼さんに会えるんだ」と思うとドキドキするのでした。そして、レナードに都合の良い日時をお知らせしました。

レナードと約束した日を迎え、麻耶のお店が終わる時間に、遼とレナードが一緒にお店に来ました。

レナードはニコニコと麻耶に話すのです。

「この方は魂が遼だから、麻耶は遼と会って話をすると考えても大丈夫なんだよ。ただ、現在のこの方の名前は『真幸《まさき》さん』だよ。彼の身体とその細胞は、以前の遼さんの身体と違和感なく似ていて、元の真幸さんがライトワーカーとしての使命を終えて亡くなると同時に、遼さんに入れ替わったから、以前の遼さんそのものだと思って大丈夫だからね」

麻耶は言葉が出る前に胸がいっぱいになり、涙がポロポロと流れるのでした。真幸さんも緊張して麻耶に近づくと、黙ってハグをしてくれました。

「本当にこのようにお会いできて、どんなに嬉しいか……言葉が見つかりません。お父さまに会いに行ってくださり、どんなに私のことを想い大切にしてくださったのかを知り、それを知ることができた日から毎日、感謝とともに再会できる日のことを祈っておりました」

「こうして本当に麻耶に会えるなんて、思ってもいなかったよ。

僕は、麻耶が高貴で素晴らしい体験を重ねてきているのに、今世とても辛い生まれ変わりをしてきたことを知っていたから、僕と平凡な結婚生活で終わらせることなんてできない、と気がついていたんだよ。麻耶にユリウスが会いに来てくれることを願い、死を選ぶ決意をしたときには、さすがに麻耶に会えなくなることが辛かったよ。残す言葉もできなかったからね」

と、遼さんは涙を拭って話してくれました。

レナードは、麻耶に伝えることがあるんだ、と話してくれました。

「これからふたりは一緒に暮らすのではなく、僕たちファミリーが探し出した最もエネルギーの高い場所に、やがて彼がもつ別荘のような場所で、とても大切な真理の実践をしていくことになるんだよ。それは、やがてふたりが、その真理を世界に向けて発信していくことがとても重要なんだ。どのような方法で発信するかは、ふたりの話し合いに任せるからね。

ただ、その重要な真理とは、地球の人々がすっかり洗脳され忘れ去ってしまっている『神との繋がり』、また自身が神であることを思い出すこと……。そのために、どのように真理の道を歩むことが必要であるのかに気づいてもらうための、とても大きなふたりの使命であり大役だからね」

「お兄さま、ごめんなさい。今伺ったお話の内容がとても飲み込めませんので、また逢さんと何度かお会いしていくうちに、何が私たちにできることなのか、それはどれほど大切なことなのかを、しっかり理解できるまで待っていてくださいね。けれど、今日このように大切な逢さんとの出会いができたことに感動して、とても感謝しております」

「そうだね、麻耶。当然だよね。これから逢であった彼から麻耶に直接連絡をしてもらい、お互いに納得のいくまで語り合ったらいいね。僕はこれで先に帰るからね。ふたりで少し話し合ったらいいよ」と、レナードは帰っていきました。

麻耶は目の前にいる真幸さんが逢さんであることにまだ慣れず、何を話していいのか戸惑いを隠し切ることができませんでした。

それでも、逢さんが体験した霊界での話を知りたいと思い、ドキドキしながら彼に聞きました。

「遼さんは、私に会いに来てくださる前は、魂が霊界におられたのですよね？　何年もの間、その霊界で体験されたことを覚えていらっしゃるのでしょうか？　ユリウスを何度も探していたと伺いました。また、ユリウスに会えないことを知って、お父さまに会いに行こうと決意されたお考えなども、今伺ってもよろしいのでしょうか……？」

「それは、本当にしっかりと記憶していて、どのような思いでさまざまな体験してきたのかも含め、虹の王国のファミリーの方々ともしっかりと話し合い、ウォークイン（ウォークインソウルがその才能を使って、何かを成し遂げる過程に入ること）することの意味も確認して今を迎えているので、麻耶が聞きたいことがあるのなら、僕に答えられる範囲は何でも話すことができるからね」

賢者の夫妻に会いにいくようにと、麻耶と遼さんはレナードに紹介されます

麻耶は、初めて遼さんに会った日、あまりの感動でなかなか眠れませんでした。

すると鋭い希美に「お母さん、何かあったの……？　いつもの様子と違うよ」と言われました。

けれど麻耶は応えようもなく「大丈夫よ、希美ちゃん。今日お店でとても懐かしい人に会えて嬉しかったのよ」と話しました。

いつか希美と健には、遼さんを紹介しようと思っていました。

いつものようにケーキなどをつくりお店に行くと、いつもお手伝いしてくれる方が話しかけてきました。

「麻耶さん、何かありましたか？」

「えっ、どうして……？」

「だって、今日の麻耶さん、とても清々しく輝いていますよ！」

「そうなんですか？　だったら、とっても嬉しいです。私に感動するような出来事があったからですね」

「えー、そんなお話、いつかゆっくりお聞かせくださいね」

この日の午後、不思議なオーラを放っている男性がお店に来ました。

彼は嬉しそうに話しかけてきました。

「麻耶さん、僕の新しい作品ができたので、ぜひ見てほしいです」

「見せていただきますね」

彼の最近の作品は、彼の思いがとてもこめられた作品になっている、と麻耶は思いました。

「また、いい作品をご一緒できたら嬉しいですね」

「ぜひ麻耶さんのイメージができたら、お知らせくださいね」

「わかりました。……お伺いしたいことがあるのですが、やがてとても大切な本を出版するようなことを考えたときに、お知り合いの方とか、あるいはお勧めの出版社とか、何かアドバイスになるようなことがありましたら、ぜひお聞かせいただきたいと思います」

「麻耶さんは、今本を書かれているのですか？」

「まだ取り掛かってはいないのですが、やがてとても大切な本を書かなければならない日が来る、と思って伺っています」

「その時はぜひ、僕にご相談ください。僕のよく知っている出版分野で必要なことがあれば、その都度、お手伝いさせていただきます。どんな本を書かれるのか、とても楽しみですね」

遼さんに、希美と健を会わせる相談をします

虹の王国のファミリーから何度か「これから麻耶がとても大切なことを発信していく使命があるのですよ」と伝えられていました。

だから、レナードが会わせてくれた、先日の遼さんとの再会もあったのだと思っています。

遼さんが会いにきたら、遠くなく希美と健に会ってくださいとお話ししよう、と考えていました。

そのことをお知らせすると、遼さんからお返事が来ました。

「それはとても楽しみで、嬉しいですね。ではお休みの日に、ドライブで僕の知っているとても大きな牧場にお連れして、近くに素晴らしいレストランがあるので、お昼をいかがでしょうか？」と、遼さんがお誘いくださいました。

「本当ですか！　子供たちがとっても喜ぶと思います。では次の日曜日に、お待ちしておりますので迎えに来てください」

この日の夜、麻耶は子供たちに「お母さんがこれからお仕事でとてもお世話になる真幸さんが、日曜日に、とても素敵な牧場とレストランに、ドライブがてらお連れくださるの。あなた方も一緒に、いかがでしょうか？」と話しました。

すると、希美は「えー、そんな素敵な日曜日になるなら、お友達と会う約束したけど、そのドライブの方に絶対行きたいわぁ……」

また健は、元気な大きな声で「やったぁ！　楽しみだね、お姉ちゃん！」と大喜びでした。

遼さんが日曜日の午前中に、お迎えに来ました。

少し緊張しているように、麻耶には見えました。

子供たちを遼さんに紹介しました。ふたりの子供たちは、とても楽しみにしていたので「よろしくお願いします！」とニコニコ挨拶するのでした。

「僕は真幸《まさき》と言います。初めまして。今日はお天気も良く、きっと素晴らしいドライブになるよね。レストランもとても美味しいから楽しみにしていてね。ドライブは一時間二〇分くらい走るから、さぁ、出かけよう！」


子供たちが楽しそうに牧場を走り回っている様子を見ながら、遼さんは「子供たちがとても元気に成長していて、麻耶にもこうして会えるなんて、想像もしていなかったよ。王国のファミリーや麻耶には、本当に感謝しかないな」

「遼さん、麻耶も子供たちのこんなに喜ぶ様子を見ていて、奇跡が起きたと感じながら感動しています。これから先もどうぞ、たまに子供たちに会ってくださいね」


それからレストランで美味しいご馳走を食べて、帰ってきました。

遼さんは、週に一度麻耶に連絡をし、喫茶店に顔を出してくれるようになりました。

子供たちは、彼が大好きだと麻耶に話していました。

子供たちが遼さんに会いたいと言うので、麻耶の手料理をご一緒に食べていただいたりしました。

麻耶は、人生観がガラリと変わる、遼さんとの深い学びが始まります

それから二か月が経った頃、レナードから連絡が入りました。

「麻耶、すでに遼さんには僕から話しているのだけれど、麻耶にもその内容は改めて伝えておくね。以前に話していると思うのだが、麻耶と遼さんふたりに紹介する、とても大切な指導をしてくれるご夫妻にそろそろ会わせたいんだよね。で、その紹介の前に、支配者たちに見事に封印されてきた〝聖なる性〟の復活を、ふたりで学び話し合っていってほしいんだよ」

「レナードお兄さま、〝聖なる性〟の重要性は、これまでに教えてくださったたくさんの学びの中で私もある程度理解していますが、遼さんとともに話し合い理解するには、少し的を絞ったテーマをくださいませんか？」

「そうだね、麻耶は〝錬金術〟という言葉で、どんなことを連想することができるのかな？」

「わからないけれど、鉛を精錬して金に変えることだと思っています」

「そうだね、それと同じ精錬は、男女の愛で体内のエネルギーを上昇させる必要があるのと、

また、どのようにすると〝感情〟の世界も含め、ふたりの体内から精錬させていく取り組みができるのかを、ふたりで学び合い、しっかり理解した上で、指導してくださる方に紹介しようと思うので、ふたりの心の準備ができたら僕に連絡を入れてほしいんだ」

「わかりました、レナードお兄さま。しっかりと学んで、遼さんとともに真剣に〝錬金術〟と向き合います」

神の祭壇上にある〝男女の交流〟が、まさに始まろうとしています

人間が救われていくためには、〝錬金術〟はどう完成されていくのだろう……

〝肉体は神の寺院です。男女の交流は神の祭壇上にあるべきなのです〟——次の日の朝、麻耶は目覚めると、その言葉がはっきりと、そのまま記憶されていました。

これは学ばなければならないのだろうと思い、その日から真剣な謎解きが始まったのです。しかも、何よりも麻耶が知りたかったテーマでもあったのです。

学んでみると〝錬金術〟、タントラ、カーマ・スートラなどの古代の神殿の重要な〝秘儀・秘伝〟として、世界のあらゆる文献（仏典・聖典）の中にその記述があり、それがやはり現代の人々にとっても最大のテーマであると思うのです。

〝男と女の神秘〟に、答えがきっとあるのだと確信しました。

男女は、電池が異なる極性をもっているのと同じだということ。男性は頭から、女性は性器から、それぞれ正極のエネルギーを放出しているという研究が発表されていました。

麻耶は「性の栄養学」を学び、麻耶のなかにあった疑問が解消されます

宇野多美恵《うのたみえ》さんが研究されてきた『相似象《そうじしょう》』にとても大切なことが載っていました。

「カタカムナ（天然の相似象学）」とは、数千年前の上古代人（縄文時代の宇宙人）が残した神話を、楢崎皐月《ならさきこうげつ》が発見し翻訳した学問です。それを宇野さんが何冊もの出版本とされていました。

そのなかでも麻耶がもっとも関心をもったのは、相似象学会誌『相似象』創刊号（一九七〇年一〇月）の記事でした。

「人間は食の栄養以上に、性の栄養について正しい知識をもつべきである」と言っている説明で、麻耶のなかにあった疑問が解消された思いでした。

これまで「女性は大地」だと言われてきました。そのことが、もっとも説得力のある意味をもった答えとして書かれていました。

それは、女性が生まれ持ってきた身体に備わっている神秘な働きに、気づくべきだと教えて

います。

女性には「前駆流」といって、女性だけが自然界から身体に受けとれる〝生体内の電子流〟があると言っているのですが、これは男性にはない働きなのだそうです。

例えば、電流を蓄えている電話機が女性の生体内の電子流とすると、男性はその電子流からエネルギーを受け取る受話器のようなものだと示されていたのです。

女性は常に環境から電気をとって、高い電位にありうるもので、男性は電子の足りない状態に常にあるそうです。

しかも一般的に〝男性は女性を通さなければ電子をとり得ない〟とされています。

足りないものの充足を求めて、そこから男性の性の衝動が生じてくるのです。

これは人間のアタマで考えた理屈ではなく、天然の相として、人間のみならず広く生物に通じる宇宙の法則の理であると示されていました。（同書４９頁）

世の男性たちは、〝愛する女性から健康維持に必要な充分な性的電子を受けとらなければ、元気な活動エネルギーを保持することができない〟のだそうです。

麻耶は、なぜこんなに大切な「性の栄養学」が、これまで人類の教育科目になかったのだろうと考えてしまいました。

麻耶はまず「『性の栄養学』とは、お互いを大きな愛で包み込むことができる、そういう最も大切な学問なんです」と女性に伝えていきたいと思いました。

そして女性は、男性とともにそのことを臆せず話し合い、パートナーとしての相互理解をしてほしいと感じました。

さらに、この過去から歴史の中で知らせてきた〝聖なる性〟の大切な秘儀が、なぜ現代教育のなかに盛り込まれることもなく、まるで恥ずかしい世界のことのように誤解され、さまざまな貶《おとし》められ方をされながらきたのか、現代の人々が、なぜこうも神の祭壇に上がる神聖なる愛の行為を封印されてきたのか、と思うのでした。


麻耶はとても大切な学びをした後、どうしても遼さんとこのようなテーマで話し合いたいと思いました。

遼さんに連絡を取り「大事な話をしたいので、お店が終わった頃に来ることができますか？」と伺いました。

すると、遼さんは「了解しました。伺います」とお返事くださいました。

必要な愛と性に、現代人が最も学び、目覚めなければならない時を迎えています

遼さんが会いに来ました。

麻耶は、理解したことを早口で懸命に伝え始めたのです。

「遼さん、虹の王国のファミリーたちが、なぜこの度、私たちふたりにとても大きな使命があると何度も伝えてきたかが理解できました。すでに地球では失われてしまった、争いのない楽園がどのような男女の愛によって育まれてきたかが理解できたのです。

この大切な宇宙の法則を、これからふたりで学び合い体験することで世に知らしめ、私が祭祀王《さいし》として生まれていた時代に存在していた社会を取り戻しつつ、人々がそのことを当たり前に知り体得し合えるようになる未来に変えていく、そんな使命が与えられている、ということだと思うのです。

私は、その叡智《えいち》が『カタカムナ』として古代の宇宙の人々が残していったことを、書物で学びました。すると、女性とは最も命懸《が》けで愛する男性を受け入れることによって、その男性をやがて見事な賢者として完成させることができる役割を担っているのです。六〇兆個の体内の細胞や、各器官に備わっている『チャクラ』といわれるような場所を開き、浄化することによって、男性は〝次元上昇《アセンション》〟を果たし、やがてブッタやキリストのような次元に向かえる仕組みになっている、ということに気づきました。

私の話を聞いて、遼さんはどのように思われるでしょうか。伺いたいです」

「麻耶の顔見ていたら、早口で懸命に伝えようとしていることが、全部わかったとは決して言えないよ。もっと時間をかけて、それがどんな大切な意味を持っているのかを、当然、僕も知りたいよね。

ただ、僕が学び気づいた世界の話をするならば、男性優位の世界がこの地球で五千年以上も続いてきているから、どうしても男性には女性からの尊敬がほしいし、女性を従えていきたいという染みついている洗脳があるよね」

「まぁー、そうなんですね……」

「だから虹の王国に僕が行って、麻耶が大きな使命を果たすために力になることは『麻耶がユリウスに会うことで、一番幸せになることです』と、お父さまに話をしに行ったんだよ。

すると、王国のお父さまやリチャードさんがユリウスと連絡を取り、僕が今回、麻耶をそれほど愛していることを認め、麻耶と愛し合い交流するときには、必ずふたりにユリウスがエネルギーを送ると伝えてくれたんだよ。

僕は、とっても光栄だと本当に思っているんだ。愛する麻耶とこうしてまた会えたしね。これからふたりが指導してくれる師を迎えて学んでいけることは、まさに以前の立場で仕事をしていたら決してできなかったことなんだよな。

だから、どんなことを学び、どのように発信していくかなどは、これから互いの学び合いなのだけれど、今の時代はおそらく女性たちの直感や感性の方が実に男性より上回っていると思えているよ。もし一握りの男性たちが、愛する女性とともにこの錬金術の世界を学び、狭き道を貫き通す覚悟ができるなら、それはまさに世界を変革することも可能だろうね。まさに一握りの価値のわかるカップルが生まれ出たなら、宇宙の源に届き、高い愛の共時性でこの惑星が生まれ変わるだろうね……

麻耶も知っているよね。この現在の地球の周りにはこれまで二万六千年を経過させて〝次元《アセン》上昇《シヨン》〟をするために、どれほど数え切れない宇宙船が今この地球を取り巻いているかを聞いているよね。だから今、ユリウスが大きな使命を持って宇宙船で活躍してるんだよ」

「遼さん、地球の男性たちは本当に大変でしたね。素直に感じた世界で、自由を取り戻せたらいいですね。遼さんのお役目も大役ですよね」

「ただ、問題はあまりにも長い間、男性はプライドを捨てることができずに育ち、競争社会の中で生きてきたからね。特にこの日本では、家督を継ぐ長男の立場が大変だったよね。

男性社会はね、論理的に結論を導き出して理解したいという要求を持っているからね。だから直感やスピリチュアルな感性で話す女性たちの話には、確実性がないと思われてきたんだよ。だからこそ、自分が望んでいることをすべて叶《かな》えるには、学問を修め周囲に認められる能力を持とうと考えるんだね。

それが支配者たちの計画であり洗脳だから『地位と権力、肩書きと財力を持つことで、この社会で自由に望むものが、欲しいだけ何でも手に入れられる！』と洗脳されているんだ。だから、支配者たちは人類に戦争を仕掛けることができるんだ。なぜなら、そこには負けると失う世界があることを、教え競わせることができるんだ。最もそれを人類が恐れるからなんだよ……」

「遼さん、本当に遼さんの言うとおりですよね。私ももっといろいろと学んでいきますので、また、このような大切なお話し合いをできたら嬉しいと思っています」

「麻耶、虹の王国から為すべきことを頼まれてきたんだ。それは、地球と宇宙を高いエネルギーで繋ぐ場所に別荘を持つことなんだよ。だから、それも可能な人材をファミリーが選んだ結果として存在しているのが、この僕（真幸）なんだからね！

地球と宇宙を高いエネルギーで繋ぐということは、そこはエネルギーの〝ワームホール〟なんだよ。だから、そこを別荘として探し出して、今、リフォームさせているんだよ。あとひと月でもうすぐ完成するからね。素晴らしい高台で、見晴らしと癒しのエネルギーが素晴らしいからね」

「えー、そうなんですか？　とても楽しみですね。ワクワクしますね」

樹木に覆われた「往古《いにしえ》のピラミッド」である、三角山中腹の別荘に導かれます

遼さんから連絡が来ました。

「レナードさんから連絡がきて、別荘が完成したと話したら、僕たちに紹介する賢人の方をお連れするから、日時を知らせるようにと連絡がきたんだよ。麻耶、先に僕はその別荘を見せたいから麻耶を迎えに行くから、いつなら行けるか連絡を待っているからね！」

「遼さん、明日、ぜひお迎えに来てください！　明日なら、お店のことも子供ふたりの夕飯のことも、店のお手伝いの方にお願いできましたので……」とお知らせしました。

遼さんが、午前中からお迎えに来てくださいました。

車で出発して約二時間、やがて目標の山が近くなり曲がりくねった道を上って行くと、お伽《とぎ》話《ばなし》にあるようなとても可愛いつくりの別荘に到着しました。

屋根が尖《とが》っていてとてもカラフルで、広いお庭にはたくさんの植樹がされていて、お花がたくさん咲いているのです。

「うわぁ……遼さん、素敵ですね。いつかどこかの絵本で見たようなお家ですね。こんなにお庭にお花がたくさん咲いていて感動しました。ここまで考えて準備していたのですね……」

「そうなんだよ。麻耶を喜ばせたかったからね。リフォームに約三か月掛かったんだよ。エネルギーが素晴らしいから中を見てほしいね」

ワクワクしながらお家に入りました。

すでにいつでも住める準備も整っているのです。

寝室は二階で、三角屋根の下から素敵な窓があり、ベランダから外を見ても周りには建物がないので、素晴らしい自然の眺望で感激するのです。

「遼さん、聞いていいですか？　なぜこんなに素晴らしい別荘を、リフォームしたりできるのですか？　毎日忙しくお仕事をもっている様子でもないことを知り、お仕事やご家族のことを伺いたいのです。よろしいでしょうか？」

「そうだね。麻耶には説明していなかったね。なぜ真幸さんが選ばれたのか、を説明する必要があるね。両親は数年前に亡くなっているんだ。姉妹はいるが、海外にいるんだよ。だから両親が残してくれた財産がたくさんあって、麻耶を守り必要なことは、なんでもできるんだ」

「そうなんですね。いつ伺っていいのかを考えていました。では安心して遼さんに甘えて、これから先のこともご相談していってていいのですね？」

「もちろんだよ……」

遼さんがそばに来て「麻耶を抱きしめ、キスをしてもいいかい？」と聞くので、麻耶は黙ってうなずきました。すると身体中に電流が走り、麻耶は初めての体験をしたのです……

それから一緒の時を過ごし、ゆっくり話し合いました。

次回の出会いの心の準備はできているかい、と遼さんに聞かれました。
「レナード曰く、僕たちふたりを指導してくださる賢人の方は『カップルであることと、また必ず泊まりがけの心積もりをするように』と言っているんだけれど、麻耶は大丈夫かな？」
「そうなんですね。何よりも大切な虹の王国からの導きですから、日時がわかればしっかり準備いたしますのでお知らせください。今日はまるで別世界に来たような感動を、させていただきました。遼さんの心遣いに感謝しています。本当に幸せです」

「わかったよ。僕からレナードに連絡して、また日時が決まったら迎えに行くからね」

と話しながら車に乗っている麻耶なのですが、隣に座っているだけで遼の愛と優しさに包まれているのが感じられて幸せでした。

麻耶と遼は、とても衝撃的で新鮮な聖域に至るとされる性を、ふたりの賢人に学ぶのです

計画してきたその日が訪れました。

レナードは、私たちが先に着いて待っている山荘にお客さまをお連れくださり、おふたりを紹介してくださいました。

「初めまして、よろしくお願いいたします」と、ふたりはご挨拶いたしました。

麻耶は驚くのでした。なぜなら、おふたりのオーラが、まるで見事に光り輝きあたりを包み込み、太陽のような眩《まばゆ》さで揺れ動いているのです。動くたびにお話するたびに変わるオーラに、麻耶は言葉を失いました。

「麻耶さんは、私たちのオーラが見えているのですね」と、とても笑顔の素敵な美しい女性が話しかけてきました。

「はい、あまりの眩《まばゆ》さで、初めて見せていただく素晴らしいオーラで驚いています」

「それはありがとう。今日は天界から導かれている日ですから、素敵な祝福をいただいていますからね。たくさんの神々からのお知らせや、また上空には宇宙船が祝福していますからね」

麻耶と遼さんは言葉もなく緊張していると、どこかの絵で見かけたような精悍《せいかん》な感じの仙人のような男性が「今日は、とても大切な縄文時代の〝神聖なる性〟の復活祭ですから、神の儀式のような日だから、まずはいろいろと話し合いましょう」と座りました。

「おふたりは、すでに魂の源が虹の王国なのですから、この地球の重力の煩わしい重さが消えたら素晴らしいカップルの誕生になれますよ」と、女性がお話ししてくださいました。

男性のレクチャーが始まりました。

「あなた方のＤＮＡの中に、ムー・レムリア民族の主要な特性・能力・資質は、コードとして集められています。それはリーダー、パイオニア、戦士の特性・能力などを開花すべき資質です。それだけではなく、私たちの『父にして母なる神』の『神聖な意思と力』とともに、あなた方の精神力を使って共同創造主になりたいという願望を奥深いところに持っている、ライトワーカーたちに、自分の故郷に帰るための道を示す機会なのですからね」

「…………」麻耶と遼さんは、聞き漏らすまいと必死です……

「昔から創造主と繋がっている神官たちがいた頃には、相応しい男女を神殿に導く時には、心理の浄化と錬金術の『鉛から金に変換する』偉大なる意味の理解ができている男女が導かれたんだよ。

なぜなら、性エネルギー昇華について科学的に知るならば、人間の有機体内には錬金術の要素である塩、水銀、それに硫黄があるから、この三要素が結晶化する時にこそ、創造主の本質的な高次元の身体である〝黄金の霊体〟に変換されてゆくんだ。

ただし『我』があると、身体の中にある乾燥水銀と砒素硫黄をきれいに除去できず〝黄金の霊体〟は完成しないんだ。だから昔から、真の悟りとはこの物理的次元に執着するな、と説かれてきたんだよな……」

麻耶と遼は言葉を失い……ただじっと座っていた。

すると女性が、とても優しく笑いながら「貴方そんな難しいお話をするから、ご覧なさい。ふたりは硬くなって質問することもできずにいるのよ。もうそんな難しいお話ではなく、日本で知られている空海が示そうとしてきた、あの真理の『理趣経』をふたりに体感させてあげましょう……」

「そうか⁉ そうだな……では、縄文人が知っていた時代の豊かな愛で溶け合う世界を、知ってもらおうか！ 私たちふたりが準備してその愛の交換方法を指導するから、かなりの長い時間が必要だが、ふたりは心づもりはできているのかな？」

麻耶と遼は、顔を見合わせてうなずき合い「はい、よろしくお願いします」と返事をしました。


寝室で、ふたりは何かをささやきあった……

(呪文かマントラでしょうか⁉)

ゆっくりと服を脱ぎあって裸になった……

(男性はこんがりと陽焼けしている！)

女性も裸になった……

（まぁー、綺麗《きれい》──）

豊かな白い身体は、麻耶にはこれまで見たことがない輝く美しさに見えたのです。

ふたりは向かい合いともに祈ってから、女性が私たちに向いてレクチャーしました。

「私たちの交流では決して射精はしません。それは、互いの身体の気の交換を目的としているからです。完全にくつろぎ、深い腹式呼吸に身を任せます。マインドを閉じるために、会話はしてはなりません」

ふたりはとてもゆっくりと、三十分以上も愛撫に時間をかけています。

薄暗い部屋なのにとても美しいオーラが部屋中に揺らめき、微かな良い香りがしてきます。

遼さんは身動きもせずに、じっとふたりを見ています。

とても長い時間、ふたりは身体を密着させたまま動かないのです。

すると麻耶には、〝ふたりのオーラが螺旋状の渦を巻き、天井も貫く金色のエネルギーになって上っている〟のが見えるのです。

どのくらいの長い時間が経ったのかさえ気がつかないほどの、まるで永遠とも思える感覚のなか、女性が横に寄り添うまま、はさみのように足を交差させて、ゆっくりと静かな結合が行われたのがわかりました。

ふたりは互いの呼吸を合わせるように、深く長い息を吐いては吸うのです。

ゆったりと身体を合わせて、まるで時間を忘れたかのように一体となっているのです。

遼さんが静かに麻耶の手を握りました。

「ふたりのオーラがとても美しく、天まで伸びているのよ……」と、麻耶は遼さんの耳元に、小さなささやき声で伝えました。

ゆるやかな時間の経過とともに、やがて動かずにいた女性が、ふたりを呼ぶのです。

「もっと私たちの近くに来て見てごらんなさい。ふたりで百兆個以上の身体の細胞たちが、感動しあって、とても熱くなって、お祭り騒ぎをしているのよ。だから……〝黄金の霊体〟をつくることになるのよね。今、離れるからごらんなさい！」

するとふたりが離れた瞬間に、ふたりの身体の間で、青白い火花が微かな音とともに光るのでした。

寝室での濃密な時が経過して、気がつくと辺《あた》りが少し明るくなってきていました。

おふたりは着替えをしながら、レクチャーしてくださいます。

「私たちは左右横向きの体位を好むけれど、決してその体位でなければいけないのではないのよ。また、一般に当たり前になっている、お互いのオーガズムも必要ないのよ。

だから、決して男性は射精しないの。〝身体のなかの太陽原子が磁石のようによく調《ととの》い、必要な原子を損なわない〞からなんです。そうなれば、何度もの交流が喜びとなり、ふたりには充分な心身一体の満足感が訪れるから、少し長い期間触れ合わなくても活力感が持続できて、幸せ感覚が保てるのよね。

また、この交流の後で触れる大自然は本当に素晴らしいのよ。音楽を聴いても身体で受ける感覚が素晴らしいの。それは、ライヒの言う『鎧化《よろいか》』から真に解放された『感性』の瞬間ですから、ふたりも実感できるようになるわ」

麻耶と遼さんは真剣に聞き入っています。

「地球人はこの充実感が理解できないために、とても消耗的な貧しい交流しかできないのよね。ただ、エネルギーがある若者たちには難しいかと思うのよ。失敗してもしょうがないわね。ある程度生命力を維持したい年齢にはとても大切よ。なぜなら、健康で長生きできて、さらに『次元を超える超能力』も得られるからね。

また驚く研究結果があるのよ。現在でもポリネシアの思想とセックスには、この縄文時代の叡智《えいち》が受け継がれているのよ。フリードリッヒ・フォン・ウルバンという医学博士が三十年もの研究を重ねてついに一九四八年に『性の完成と結婚の幸福』という本を発表しているのよ。このとても重要な真理に今回導かれたのは、おふたりがすでに、他の方々よりも心理も肉体もそれほど年数をかけなくても、完成できるからだと思っているのよ」

すると、それまで聞いていた着替えを済ませていた男性が、遼さんに話しました。

「この〝錬金術〟はね、女性よりも男性のほうが鍛錬が必要だね。とても真剣に、命がけの覚悟がないと続けられないことを、理解してほしいね。けれど、遼さんは誰よりも麻耶さんを愛しているから道を歩めるよね！」

彼は遼さんの手をしっかり握りました。

「本当に、この度はありがとうございました。言葉ではうまく言えませんが、必ず学びます。おふたりに感動してしまいました」と、遼さんは伝えました。

麻耶は涙ぐみながら頭を深く下げました。

「では、すでにレナードさんにお願いしたから、お迎えが来てると思うので、ここでお別れしますね。また必ずお会いしましょう」と言って、女性は麻耶にハグしてくれながら「麻耶さんはオーラが見えるから、たくさんの説明なしでわかったわね」と言ってくれました。

賢人のおふたりは、待っていたレナードの車に乗り込みました。

レナードがニコニコ笑いながら「じゃー、おふたりさん、これから仲良くしてね……」と車で走り出しました。


すっかり朝を迎えていました。

麻耶が遼さんに聞きました。

「今回のおふたりの少し驚くようなとても大切なご指導内容を、遼さんはレナードお兄さまから聞いていましたか？」

「とても大切な指導をしてくれる賢人が選ばれて僕たちに会いに来るとは聞いていたけれど、それはまさに言葉による指導ではなく、おふたりがどれほど深い学びに時間をかけ、今の地球の人々には知らされることのない〝聖なる性〟の縄文時代以前からの真理を理屈ではなく、僕たちに示し見せてくれたんだよね……」

「遼さん、この大切な真理がどれほど長く地球では封じられてきたことでしょう。神との繋《つな》がりが引き離されたといった意味が本当に私には理解できました」

「麻耶、この感動を忘れずに、僕たちにとってできることをともに学ぼうね」と、遼さんは麻耶の手を繋《つな》ぎ家に入ると、麻耶を抱き上げて二階の寝室に入りました。

また、遼さんはきちんと座り直して、麻耶に話すのです。

「麻耶、僕はあのおふたりと違って、このような崇高な儀式のような愛の交流を失敗をせずにできるという自信はないんだよね。ただ、虹の王国のファミリーやユリウスまでもがふたりの愛の交流を応援していると伝えてくれているから、これからふたりで学びあう愛の交流をできる限り大切に続けていこうね」

「遼さん、遼さんが言おうとしている意味が私にはとってもわかります。初めからあのおふたりの方々のようになれるとは思っておりません。けれど、私たちがしっかりと瞑想の祈りをしてから、学んだように触れ合ってみましょうね」

一．お酒を飲まないこと、空腹であること、また三十分以上、大切な前戯が必要
二．ふたりで深い呼吸（腹式呼吸）を重ね合いながら、動かずに長い時間触れること
三．その後ゆっくりと静かな結合を、長時間を通して射精をしないこと

この三つをお互いに確認しながら、ゆっくりと向かい合いました。

すると、ふたりの身体はゆっくりと熱をもってくるのです。

互いの呼吸を合わせ、ゆったりと身体を合わせていると、麻耶は言葉にできない感動が込み

上げてくるのです。

ふたりは時間を忘れたかのように一体となっていると、遼さんが麻耶の中にゆっくりと入ってきました。

それから、どのくらいの時間が経ったのかも気づかないうちに、遼さんが言いました。

「麻耶、僕はそろそろ限界を感じるから、今日はこれで収めようと思うのだけれど、いいかな……？」

「はい……」と、ふたりはゆっくりと呼吸をととのえました。

「遼さん、ありがとうございました。私はとっても幸せでした」と、麻耶は伝えると、想いが込み上げて涙ぐむのでした。


それから、ふたりはゆっくりと向かい合って、お茶と、フルーツを食べながら話し合いました。遼さんが真剣な顔で話すのです。

「麻耶、もし僕が一度死ななければ、こんな祝福された麻耶との出会いは起きなかったよね。だからこそ、今、社会の中で洗脳されながら、これが習慣で当たり前と思い、日々忙しく企業戦士になっている人たちのことを、あらためて考えてしまうんだ」

「本当にそうですね。女性のもつ身体の働きと男性の身体の働きが、いかに生命科学上においいて違っているかを、教育の中で正しく知らせることをなぜしないのかと不審に思ってしまいます。ただ、今回のこの体験を通して、これほど大切な意気の合った愛の交流を大切にして生きるには、今のこの時代では、仕事を通して生活するという金銭の呪縛から解放されなければ、なかなか許された時間として使い合うことが難しいと感じました」

麻耶は、リチャードお兄さまがお知らせくださっていたことを思い出しました。

「『今現在、地球が見事に変化し生まれ変わろうとしているから、この地球の変化を確認すべく、驚くような宇宙の人々が見守っているんだ』とおっしゃっていました。

やがて、お金に縛られることもなく、これまでたくさんの科学者たちの発明が破壊されてきたけれど、ここからは次第にフリーなエネルギーや医療も変わると教えていただきました」

「そうだね。さまざまな隠されてきた情報が、今、SNSや、YouTubeなどでたくさん発信されているよね。いつどこまで確かな変化になるかはわからないけれど、これまでの呪縛から人類が解放されることだけは確かなことだね。

また、さまざまな人々が『アセンション』などと安易な表現でたくさん発信しているけれど、今回のあのおふたりの〝黄金の霊体〟づくり、『宇宙の神と繋《つな》がる法則』、ここを知り理解する人々は本当にわずかだと思うんだよね」

「だから虹の王国のファミリーから、これから私には大切な使命があり、真実の道を示す時が来ると何度も聞かされていたことが、今回の体験をとおしてよく理解できました。

ではどうしたらよいのか、私に何ができるのか、これから遼さんにも相談しながら歩んでいこうと思います。今日は遼さんの深い愛を感じることができて、本当に感謝しています」

「では、麻耶。そろそろ希美や健が待っているから戻ろうか」


自分の波動が変化することによって、人間がなぜ苦しむのかに、麻耶は気づくのです

それから遼さんとは日時を相談しながら、あのお伽話《とぎばなし》のような小さな別荘に行くことを折々重ねていきました。

遼さんが迎えに来てふたりになると、なぜかいつも身体中が熱くなっているのでした。

僕も同じだよと遼さんが言うのです。

気がつくと数か月が経ち、すっかり季節も変わっているのです。

直感の鋭い希美は私に「お母さん、きっと真幸さんがお母さんの恋人になったのよね?」と言うのです。

「そうね、希美にはお母さんの変化がちゃんとわかるのよね。希美に聞いてほしいことがあるの。お母さんね、今のように喫茶店を続けていくことがなぜか……少し辛くなってきているのよね……」


「お母さん、あの真幸さんと結婚したいと思っているの？」と希美に聞かれました。

「希美ちゃん、お母さんは結婚したいとは思っていないの。ただ、これまでのように喫茶店に通いながら同じような日々を過ごすことが次第に辛くなっているのよね」

「お母さん、もっと私に理解できるように、なぜ今の仕事が辛くなっているかを聞かせてほしいの。もう私も大人になってきたから、きっとお母さんの気持ちがわかると思うのよ」


「以前には、喫茶店で会える人たちにいろいろと話しかけたり、またお客様からの質問に丹念に対応できたのだけれど、最近そのような対応の時間がとても辛くなっているの」

「そっかぁ……なんかわかるような気がする。希美も学校でいろいろな人たちがいて、とても仲良しでいたい人と本当に関わりたくないと思える人がいるのだけれども、希美は学校生活を辛くしたくないために、いつも周りの人に気を使い、いい子になってしまうのよね。

だから、お母さんの気持ちがとってもわかるよ。

ただ、喫茶店を辞めたら何をしていきたいの？」

「お母さんにはまだはっきりと次のやりたいことが明確ではないのだけれど、近いうちにはっきりすると思うの。だからそのときが来たら希美と健にちゃんと相談するからね」

麻耶はなぜ毎日人に会うことが辛くなったのかと自分の心の内側に向かいました。すると、本当に正直に真理に向って生きていこうと思うのなら、もっと意識を強く感じていることに向って、正直に生きるべきだと気がついたのです。

ある日の夜、サーシャーお姉さまに麻耶の変化を相談します

「麻耶、遼さんと賢人たちに導いてもらった素晴らしい体験をしているわね。だからこそ今の麻耶の意識の変化が起きてきたのですよ。麻耶の身体のなかの『消されるべき悪しき習慣』が、ふたりの愛の重ね合いによって現れてきたからですよ。

本来、人々に対する真の理解と対応とは、周囲からただ喜ばれ愛されることがこの社会では必要だとされていますが、もっと法則を歩むならば、真に感じ理解できた生き方しかできなくなるものなのです。

私が、人々の魂に内在させている潜在意識と個性の違いに気づくことが必要という、お話を

少ししますね」

「サーシャーお姉さま、このように納得のいくお話を聞かせていただけて、本当に嬉しいです。私は感じられてきた今の意識に、どんなに厳しい歩みが待っていようと、正直に進んでよいのですね」

「そうですよ。なぜなら、麻耶、この〝感情〟という世界から抜け出すことが最もこの地球では必要な試練となっているからですよ。

人は寂しいと思う〝感情〟を本能としてもたされているから、当然自分を理解してくれると思える人に心を開き、何でも話したり信頼できる交流が人間の孤独感を癒してくれると思っています。けれど、基本的に生まれ変わりなどをとおして、潜在意識に認識しているそれぞれのドラマが決して同じではないから、あるときあまりにもお互いの理解や価値観に相違があると気づいたとき、そんなときに人間は最も裏切られたと感じ傷つくのです。

深く真理を学び、宇宙の法則を求め知っていくと、そのような〝感情〟の捉え方はいかに甘えから発しているものであったかがよく理解できるようになるのですよ」

「お互いの理解や価値観に相違があって傷つく……」

「男性たちは社会の中で名刺の肩書きにこだわり、学問や社会的な知識をいかに備えているかにこだわる人が多いのですが、最も波動の高い誰もが求め欲する素晴らしい魂を備えた女性に愛され求められる存在であるかどうかが、いわゆる見えざる世界の次元というものに関わっているのです。

それでね、男性は母親との魂の過去の記憶の愛憎が深く関わっているのよ。なぜなら、男性の無意識の中に、母親とは命を懸《か》けてわが子を愛し女神性をもつものとして捉え、どんな生き方をしても誰よりも愛され理解してくれる存在だと思いたいのです。

けれど、なかなかその女神性を示すだけの器量をもつ女性はごく稀です。そのため、無意識に男性は母への愛を秘めながら、愛する女性を社会の中で探し求めていくのですよね」

「男性の無意識は、母親へ女神性を求めている……」

「では、娘と父は同じように理解され、誰よりも力になり愛し守ってくれる存在だと思うのです。けれど、父は人間として本人の持つ潜在意識の価値観によって娘に対する対応がそれぞれ違うので、そこで娘は結婚前にすでに男性に対する不信感や歪《ゆが》みをもって社会に向かいます。

理想の男性を父のようにと思える人はまさに魂で出会いを約束をしている相手でしょう。過去世もきっと同じように愛し合ってきた相手だと思います。逆に、なぜ尊敬できない愛せない父なのかと感じる場合には、過去世での出会いによる、お互いにこの度気づき合い許し合わなければいけない潜在意識を持っているのよ。

だから、この人間界の感情という世界に捕まりきらないように、イライラしたり怒ったり、相手をジャッジしたり求めすぎたりができなくなるのよ。なぜなら、地球を卒業した惑星にはこの煩わしい感情の世界のもつれがどこにもないのよ」

「お姉さま、本当にありがとう。私はもう地球に来なくても大丈夫なように、教えてくださったことを大切にして、いつかユリウスにも負けずに会えるようになりたいです」

遼さんの夢にユリウスが現れ、大切なことを知らせてきたのです

遼さんからとても慌てたような声で、麻耶に電話が来ました。

「麻耶、話があるから会いに行っていいかな？」

「了解です！　お店が終わる頃にお待ちしております」

珍しくあまり見たことのない緊張した顔で、遼さんがお店に入ってきました。

「何か変わったことがあったのですか？　お話を聞かせてください」と、麻耶は言いました。
するとと遼さんは「実は昨夜、夢の中にユリウスが現れたんだよ……彼は『伝えたいことがある』と言うんだ。驚きながら『はい、伺います』と言うと、彼はまず『よく麻耶を大切にしてくれて感謝しているよ』と言ってから、『麻耶がさまざまに抱えていた負の記憶の細胞が、遼さんの愛によって浄化されてきたからね……』と言うんだよ」

「えぇっー、そうなんですか⁉　それはとっても嬉しいことが聞けました……」

「ユリウスは続けて、『だから、とても大切なことを伝えにきたんだ。これからの世界がガラリと変化できる時を迎えてきたけれど、これから人類が学び治めていく世界には、空海と真名井御前が生きていた時代に学び合った仏教が、何よりも必要な知らせとしてふたりで啓蒙していってほしいんだ。
麻耶が、僕がライヒで生まれたことも学んでいることは知っているけれど、世界に発信したオルゴン・エネルギーの研究発表だけではできなかったんだよ。〝神と人との分離〟そしてもう一つが〝愛と性の分離〟、その両方を一気にパワフルに繋ぎ直すことができるのが、かつて空海と真名井御前が体得した結果、世に示した菩薩の『理趣教』なんだよ。
それが正しく実践されたならば、まさに眩《まばゆ》い大日如来が受け止める〝真言〟そのものだからね。麻耶とふたりで真言密教の中で今封印され、見落とされている『理趣教』を学び直してほしいんだ。そこの重要な経のところを、人々にわかりやすく伝えてほしい。また、時が来たら僕が必ず麻耶に会いにいくことを伝えてほしい』としっかりユリウスが僕に伝えてきたんだよ」

「えぇー、ユリウスが遼さんにそんなことを伝えに来たのですか！　よくふたりでその知らせを考えながら学び合いましょうね。不思議と最も古い過去世と思っていた空海と真名井御前の出会いの感覚が、遼さんに愛されていくうちに、なぜかゆっくりと記憶が蘇《よみがえ》ってきているような気がしていました」

「そうなんだね。僕は、やがて必ずユリウスと麻耶が感動の出会いを果たす時がくると思っていたよ。けれど、今のユリウスは本当に銀河連合のなかで最も重要な使命をもち、活躍していることも知らされていたからね。

では、麻耶が今の仕事から解放されたいと言っていたことを、まず第一に解決していくことを考えようね」

「了解です。私は、今お店を手伝ってくれているとても賢い大好きな女性に、お店を引き継いでほしいと相談してみます。その後、遼さんとさまざまな相談をしながら、どのような場所で啓蒙できる作品づくりをしていくことが必要なのかを、また相談させてください」

「了解だよ。子供たちを連れて麻耶はもう少しエネルギーのいい家に越して、よい仕事ができるように考えるからね。希美と健ちゃんにはちゃんと了解をもらえるように、麻耶が話しておいてくれるといいね」

「ありがとう、遼さん。明日お店に行ってお手伝いの方と話し合います。また、ユリウスに言われた大事な『理趣教』の資料をたくさん取り寄せておきますので、揃《そろ》いましたらお知らせしますね」

麻耶は喫茶店を辞める決意をし、いつも働いてくれた女性に託すことにしたのです

先にお手伝いの方には「大切な話があるので、聞いてください」と連絡をしていました。彼女とお店で会えた時に、麻耶は「あなたに私が大切にしてきたこのお店をお任せするので、腕をふるって繁盛させていただきたいのですが、いかがでしょうか？」と話しました。するど彼女は驚いた顔になり「なぜ麻耶さんは退くのですか？」と聞かれました。

「詳しくは説明できないのですが、もっと幸せになれる生き方を見つけたのです」と、麻耶は話しました。

「お店を買うことはできませんが、お店を借りるご相談なら引き受けることができます」と、彼女は言いました。

「それで十分ですよ。あなたに負担にならない方法で、そうしましょうね」と話が決まりました。

その日の夜、麻耶は希美と健に話し始めました。

「これまでのお店を、お手伝いの方にお貸しする相談をして、了解をいただきました。希美には以前に少し相談していましたよね。その時、希美は気持ちがわかると言ってくれましたね」

すると健が「どうしてお店をやめて、これからお母さんは何をするの？」と聞くのです。

「健ちゃん、これからお母さんはね、真幸さんの力も借りて出版社をつくろうと思うの。だから、その会社ができたら住まいも変わるからね。また、ふたりにはそこから出版するとても楽しい童話やワクワクするゲームなども考えて一緒につくり出せたら楽しいと思うのよ」

すると希美と健は「まさかお母さん、真幸さんと結婚して一緒に住むって言わないよね？」

と聞きました。

「はい、結婚はしません。私たちはいつも三人で暮らします」と話すと、ふたりは「なんか楽しい話だよね！　ここからいろいろどんなことになるのか、お母さん、私たちにちゃんと相談してよね！」と話し合いができました。

即身成仏を可能にする『理趣教』の真理とは何か？

麻耶が資料を取り寄せて学んでみると、空海は、儒教・道教・仏教の三教のうち、未来において仏教が最も必要とされ優れている、ということを説いていました。

なぜなら、神界に至ることのできる力が最も優れている、と言っています。

それは、すべての物事にある「因果律」と、男女の「愛と慈悲」を説いている真理が最も優っているからだ、と伝えているのです。

高徳を積みながら、男女の愛を通して宇宙に存在する根源的なリズムが響き合うことができれば、地上の執着を断ち菩薩の世界に至ることができるのだ、と説いているのです。

それを空海は、「仏性」の六大要素がまさに大日如来の万物の根源である創造の源と繋がりをもつことで、即身成仏になることが可能であると説いているのです。

そこを生かすために、文字であり言葉である、また波動の世界である「経」を唱えることが大切だと伝えています。

なぜなら、宇宙とはすべてが周波数であり、源は音の振動により共振共鳴しているからなのです。その声を出す共振は、無心でいるからです。

それには、日本語になっている〝アイウエオ〟は、言葉のすべてが母音に終わり宇宙との共感となり、最も呼応しているから重要なんだ、と説いています。

日本に伝わってきている仏教のなかでも、最も母音の世界を理解し世に知らせようとしているのは、〝アイウエオ〟を説いた空海だけなのです。


その共鳴の力を何よりも持つ〝陰と陽・聖なる愛の男女の錬金術〟とは、まさにすべてに響きわたる「愛の菩薩との共鳴」になると、『理趣教』から空海の伝えている真理は説いています。

〈すべての性愛、その行為は本性が清浄なのだから、菩薩の境地そのものなのです。

性愛の快楽を得ようとする欲望はその本性が清浄なのだから、菩薩の境地そのものなのです。

男女が身体を合わせる行為はその本性が清浄なのだから、菩薩の境地そのものなのです。

男女が離れがたく思う心はその本性が清浄なのだから、菩薩の境地そのものなのです〉

と、すべての人間が持つ欲望を本性が清浄だから、すべて菩薩の境地そのものです、と『理趣経』には連綿と綴《つづ》られています。

麻耶は、空海が学んだ『理趣経』を渡そうと思って、遼さんを呼びました。

「遼さん、喫茶店のほうは、今までお店を手伝ってくれていた彼女にお話しして、お店の買い取りは無理でも、店主としてお店の切り盛りすべては一任することができました。また、希美と健にも、話し合いをいたしました。私が、喫茶店の仕事から離れ住まいも変え、新しい生き方をしましょうと言うと、ふたりは少し驚きながらいろいろ質問していましたが、結果的にしっかり了承していただきましたよ」

「それは何よりだったね、麻耶。僕も新しい住まいや、そこで啓蒙するための準備をしていたよ。いまは麻耶を仕事で素晴らしいサポートをしてくれる、素敵な女性を見つけたからね」

「すごいスピードですね。遼さんにユリウスが何を伝えたいために夢に現れ『理趣経』を学べと言ったのかが、いろいろ資料を集め学んでみると、とっても私には理解できたのです。

空海さんは、私たちが賢人さんから大切な錬金術を学び、体得できるふたりになったと思ったからだと思います。

これからの時代は、この『理趣経』に示されている経を唱えながら、混沌とした社会の煩わしさに囚われたり迷ったり苦しんだりせずに、この愛の道を通して〝黄金の霊体〟に至りなさいと伝えたいのだと思います」

遼さんは、私が渡した資料を見ながら、

「最近、あれから麻耶と山の別荘に行き、教えられた作法どうりにふたりの重ね合いをしてくると、本当に社会の企業戦士にはなれないと気づくよね。互いにただ並ぶ姿勢で長くいるだけでも、身体が熱くなってくるからね。だから、ユリウスが空海だった時に学んだ、真言密教はまさに即身成仏を体感したんだと実感できるんだ！　それがこの『理趣経』だったんだね」

「遼さんの言うことが、私にもよくわかります。なぜなら極端な話、この社会の出来事がとても煩わしくて、あのふたりで感じ合っていられる宇宙的な振動世界から、現実には戻りたくないと思うのです。

するとあの虹の王国のファミリーたちが、すべてが意思とイメージの世界で暮らせるには何を生き甲斐《がい》として、眠ることもいらずにいられるのかが、わかったように思うのです。麻耶がいた頃は、ただ愛するファミリーととても楽しく、まるで子供のように遊んでいたように思うのです。でも今は、お父さまやお兄さまたち、またユリウスなどは、もっと大きな宇宙全体を見通し、どのように使命に向かったら争いや競い合いのない惑星づくりができるのか、などの大きなお仕事に生き甲斐《がい》を持っていらっしゃるのだろう、と気がつくのです。

だから、遼さんと私も今学んでいることを体得し、この地球でどのように人々の進化発展に貢献できるかに気づき、命あるうちに使命を果たすことがきっと大切なのですよね」

「そのとおりだね。だから日々学び、出来ることに精一杯向かっていこうね。僕は今世、麻耶に必要な準備ができたら、必ずユリウスが迎えにくると信じているんだ」

「遼さんにこんなに愛されて大切にされているのに、ユリウスが迎えにくる日が訪れるなんて、思ってはいけないような気がします」

やがて、しばらく時が経過し、遼さんは麻耶たちが新しい住まいに移る準備を整えてくれました。

その住まいを子供たちを連れて見に行くと、素晴らしい高台で街が見渡せるとても気の良い住まいでした。またお庭もお花を育て、畑もできる広さがありました。

以前に暮らしていた家からすると、比べものにならないくらい広く、とても落ち着く住まいでした。

「えぇー、お母さん、本当にこんな素晴らしいお家に住んでいいの？」

「希美の部屋はここなの？」

「健ちゃんの部屋もちゃんとあるよ！」と喜び合っています。

遼さんはニコニコしながら、

「三人とも気に入ったかい？　仕事では僕もよく来るからね。また、たまにお母さんの仕事を手伝いに来る、とっても優しい美人さんを連れてきて紹介することができるからね」と言いました。

「そんな優しい美人さんが、お仕事を手伝いに来てくれるんだぁ～……どんな人だろう？　早く会ってみたいな」と、健が嬉しそうに言うのです。

「遼さん、本当にありがとう。二か月くらいの間に、こんなに落ち着く風景のいい素晴らしい住まいを見つけてくださって感謝します。私たちはあの広い二階で大切なお仕事をすることになるのですね」

「そのとおりだよ。そのうち、とても頭が良くて性格のいい、美人さんを連れてくるからね」

仕事も住まいも新しくなり、麻耶はクリエイティブな世界への挑戦が始まります

麻耶は、ゆっくりと資料を整え、また自分が何を考え、たくさんの人々にどのように発信・啓蒙したらよいかを考えました。

けれど考えてみると、本屋さんには山ほどの本が積まれ並びますが、虹の王国のファミリーやユリウスが私たちに示し学ばせ、また体得させている世界をどのように文章にできるのかと考えたとき、とても表現力が思い浮かばないのです。

なぜなら、まさに空海さんがきっと最も考え悩んだろうと思う密教の世界は、言語にならないと思うのです。

すると、遼さんが麻耶に言いました。

「麻耶、そんなに悩むことはないよ。例えば、僕たちふたりがここまで導かれ学び体得できた世界が、簡単に言葉に変え啓蒙できているなら、すでにこの地球人類はもっと早く変化しているはずだからね。だから、僕たちが即身成仏できるなら、その働きが最も必要で大切なことだと僕は思うんだよ」

「遼さん、素晴らしい。気持ちがとても楽になりました。であれば、気づいてできることを日々楽しんでいこうと思います。遼さんと会える日は、本当に幸せで感謝できる日になっていきます」

「気持ちが楽になったのなら良かったね。とにかくゆっくり、ふたりで周波数を上げていこうね」

そんなある日、遼さんから「先日話していた僕たちのお仕事を手伝ってくれる女性を連れていこうと思うのだけれど、そちらの都合のいい日を知らせてほしい」と連絡がありました。

麻耶は子供たちと相談すると、学校がお休みでゆっくりお話しできる日がいいとの話になりました。

遼さんに伝えると、「了解、日曜日に連れて行くよ」と返事がありました。


その日曜日になりました。

「初めまして」と、三十代くらいのとても笑顔がキュートな女性が子供たちに挨拶しながら、「とても美味しいケーキを買ってきましたよ」と渡してくれました。

子供たちは喜んで「お姉さん、ありがとう！　これから希美と健をよろしくお願いします」とケーキを受け取りました。


遼さんが麻耶に「紹介するね。滝野《たきの》さんだよ。麻耶がこれからいろいろと作品をつくるときにとてもよい相談相手になると思うよ」と言いました。

麻耶は「今後ともよろしくお願いします」と滝野さんと話し合いながら、オフィスになる二階を案内しました。

遼さんと三人でお茶を飲みながら、いろいろと話し合うことができました。

彼女が帰った後、麻耶は遼さんに「とってもキュートで可愛い方ですね。いろいろとありがとうございました」と伝えました。

「遼さん、聞いてほしいお話があります。また連絡くださいね」と帰り際にお伝えしました。

「了解です」と言って遼さんは帰っていきました。


二日後に遼さんから「麻耶そろそろ別荘に行こう。迎えに行くからね」と連絡がきました。

「はい、待っています」とお返事します。

ある本から知ったことを、遼さんにはお伝えしたいことがありました。

いつもより少し早めに遼さんが迎えに来てくれて、ふたりは別荘に向かいました。

お天気が良くて到着までの風景がとても素晴らしいなか、麻耶が話しかけます。


「遼さん、いろいろ考えたのですが、私は今回体験したさまざまな出来事をファンタジックなSF小説風に書き残したいと思うのですが、遼さんはどのようにお考えでしょうか？」

「それは麻耶がそうしたいなら、僕は反対はしないよ。けれど、余りにも普通には考えられないSF的な話だから、伝えることは困難だろうね……？　ただ、これまであのすごい賢人のおふたりに会えて、僕たちが月に三度くらい別荘で会って〝聖なる性の実践〟をしてきてもう十か月くらい経つよね。僕のこの地球の生まれ変わりの中でも、まるで次元の違うこの世界の体験に入り、誰よりも愛しどこへでも一緒にいたいと思ってきた麻耶と、〝黄金の霊体〟づくりに入ってから、本当に理解できたことがあるんだ！」

「それは、遼さん、どんなことですか？　知りたいです」

「それはね、この地球に生まれるすべての人々が、本当に幸せになりたいし、救いとはどんなことなのかを探していると思うんだよ。けれど、仕組まれた社会システムから抜け出せないよね。特に男性優位社会が長かったからね。だから、力と権力に向かって、特に男性たちは結婚相手だけに収まらずに、他の女性たちを求めて行くけれど、今、僕たちふたりが体験している高度なエネルギーの重ね方をすることができるならば、相手を変えたりできなくなることが、本当に僕はわかったんだよ！」

「本当に私も同じように思ってきました。私たちが触れ合う前に祈り、感動して離れてからふたりが必ず手を合わせて『ありがとう』と何度も言い合いますよね。本当に言葉だけで言っているのではない至福感からですよね。この心理を伝え残せることは難しいと思ってきました。

こんなお話を伺いました。昔は地球のすべてを見守れるいわゆる創造主が選んだ六次元の賢者たちが、地上のすべての人々をエネルギーの『ホログラム』で見ているそうなんです。そこで綺麗《きれい》にオーラの準備ができた人間《ひと》を見ていて、神殿のピラミッドに秘伝を伝授するために導いてきたと、リチャードお兄さまから聞いています。

けれど現在は、すでに地球の進化が銀河の螺旋状のなかで起きているために、虹の王国のファミリーが私たちに学ばせたことを、特に〝地球に奉仕で来ているライトワーカーたちに知らせたい〟のだと思っています」

「そのとおりだね。麻耶、僕も協力するからぜひ完成させよう……!!」

ふたりは別荘に着いていました。

ゆっくりしてから、いつものように向かい合って祈っていると、麻耶が驚いた声で言うのです。

「遼さんの頭の周りに素晴らしい輝く後光が見えるのです。びっくりしました……!?」

「えっ、そうかい!? 嬉しいな……麻耶の身体のなかにいると、以前と違っていて、僕は別次元に飛んでいるんだよ。うまく表現できないけれどね……」

「そうでしたか。私たちの信頼と愛のエネルギーは、きっと宇宙次元まで届きますよね。感動と感謝で胸がいっぱいです」


ふたりはまたしっかりと祈り、身体を寄せ合いました。

それからどのくらい時間が経過しているのかも気づかずに、遼さんは麻耶のなかに入っていました。

すると麻耶が、不思議な様子ですすり泣くのです。

「どうしたの？」と、遼さんが聞くと麻耶は、

「眉間の辺りに『大日如来』さまがいるの……私は今その如来さまの至福の愛をいただいているの……」と泣くのです。「遼さん、この感覚は初めてなんです。身体を超えて至福の歓喜がまるで宇宙全体に広がっていて、心も身体も振動が打ち震えているのよ！　このままでいたいわ……!!」

麻耶の囁きを聞きながら、遼もこれまでにない歓喜と感動をともにしていました。
やがて長い時間が過ぎてから、ふたりはゆっくり離れてからシャワーを済ませ、話し合いま

した。

遼が聞くのです。

「麻耶、これまで無かった初めての感覚とは、どんなことなのか話してほしいね」

「どんな言葉で話せるのかがわからないのですが、眉間のところに菩薩さまか？如来さま？がいる感じで、身体の感覚が消えていて、まるで宇宙全体を感じているような感動なんです。まるで太陽さんの愛のなかで抱かれているような感動なんです。またその時、瞬時に気がつきました。すべての人々が神の子を実感できる場を、神さまが人間の身体につくってくださっていたのだと感じたのです。

だからインドの人々が、なぜ眉間に印をつけているのかがわかったのです。きっとこれが空海さんと交わした、私が真名井御前のときの秘宝であり、空海さんが世の人々に伝えたかった『理趣経』なんだと思いました。遼さん聞いてください！」

「聞いているよ……」

「この〝三昧〟に愛の交流で届いたなら、すべてが愛おしくて、すべての物事や人々が許せてしまう〝慈悲の心〟そのものなんです。きっと、虹の王国のファミリーが麻耶に気づかせたかった世界が、この神との繋《つな》がりを今の人間の身体で体得させたかったのだと思うのです」

「そうか……!! だからお父上やユリウスが、麻耶が本来の魂の次元に戻れるようにと、地球でのカルマが少し残っていたから、麻耶が抱えてきた負のエネルギーをふたりで癒し合い、目覚めさせたかったんだな。すると、やはり……そのうち、きっと……宇宙船でユリウスが麻耶を迎えに来るように思うんだ！」

「なぜそう思うのでしょうか？」

「それは以前のユリウスが夢に現れた時だったように思うんだよ。『理趣経』の話は覚えていたけれど、言葉ではない世界で、きっとそう伝わったのだと思う」

「もしそうなら、よほどの理由があってのことだと私は思います。またサーシャーに聞いてみましょうか？」

「いや、聞かなくていいよ。麻耶が僕から離れたら、生き甲斐《がい》を見失ってしまうからね……」

ふたりは言葉少なく帰ってきました。

「遅いから希美がご飯をつくってくれたんだよ」と、健が寄ってきました。「ハンバーグ美味しかったよ」と待っていてくれたのです。

すると希美が「お母さんどこかの美容室に行ってきたの？　とても今日、綺麗になっているね？」と片付けをしながら言うのです。

「ありがとう」と、麻耶は子供たちに抱きつきました。

麻耶、いよいよ準備ができたね、とユリウスが会いに来ます

麻耶はサーシャお姉さまに祈りを送っていた時でした。そこへユリウスが来たのです。

「麻耶、やっと辿り着けたね！　本当に長いあいだ見守りましたよ。どれほど会いたかったか、麻耶にはわからないだろうね……!!　ただ僕と麻耶が、空海と真名井御前、信長と濃姫で出逢えたのは、まさに今、遼さんと麻耶が届いて掴《つか》んだ〝菩薩の座〟にともにいた時だったからね。

僕たちはまた離ればなれになってしまったんだよ……なぜなら、そこからの生まれ変わりが互いに過酷だったからね。麻耶は聞いたんだよね。僕がヴィルヘルム・ライヒでいたことを」

「えー、ユリウスさまが私に会いに来てくださったのですね？　嬉しくて叫び出しそうです。私も虹の王国のファミリーから過去世のふたりの出逢いを聞いて感動していました。ただ……いつもはっきり覚えていたのは、ユリウスさまに会いたくて命がけで地球に降りてきた時の覚悟は、常に潜在意識にとても強く持っていました。だからこそ、どこにいても寂しくて誰かを探してきたと思います」

「麻耶、僕も同じく探してきたんだよ。だからこそ世界を駆け巡り、ライヒで学んだ『オルゴン・エネルギー』の真理を、次の生まれ変わりで確実な変容を遂げることができる秘儀を実践できる仙人道の師匠を見つけ、中国でタオの道で、今、麻耶が完成させた『理趣経』の〝菩薩の三昧〟に入れたんだよ。

それからは、宇宙の銀河連合と〝半霊半物質の身体〟で、とても大きな使命で働いてきたんだ！　けれどやはり麻耶に会いたくて、地球のどこにいるのかと探して来たんだが、麻耶が結花の自殺で海で死のうとしたから、サーシャーに助けられてやっと存在がわかったんだよ。

その後、虹の王国の王様に呼ばれたんだ。麻耶には最後の地球のカルマを浄化させて、肉体を半物質まで綺麗《きれい》に浄化させるから、それまでは見守っていてほしいとね。僕はなぜそうなっているのかを、麻耶から目を離さずに見てきたんだよ。すると理解できたんだ。いわゆるこの地球次元の感情の次元から、麻耶は優しさで抜け出せないでいたんだ！

だから、お母さまが麻耶を救いたくて、ファミリーと話し合っていたら、亡くなった遼がお父さまに素晴らしい愛を持って会いに来たんだよ。それでお父さまと、リチャードが僕に相談してくれたから、では麻耶と遼のふたりにと、永遠の生命に至る秘儀を体得させることに決まったんだ。普通なら数年間必要な〝錬金術〟を、約十か月で、麻耶は眉間に菩薩を招いたよね。かつての記憶の細胞を甦《よみがえ》らせることができたんだよ」

「そうだったのですね。最近、遼さんが『いつかやがて、ユリウスが麻耶を迎えに来ると思う』と言っていました。彼にそう伝えたのですか？」

「そう……当然言語ではないけれど、テレパシーで伝えていたね」

「彼や子供たちと離れるのは、今はとても考えられないのですが……」

「もちろんだよ。これからは麻耶の〝半霊半物質の身体〟のまま宇宙船で銀河の世界に連れて行けるから、地球と人類がこれからどれほど驚く変化をするかを、僕たちと銀河の友人たちとともに学ぶことになったらいいね。それは驚くほどの大きな価値のある使命であることが麻耶にも必ずわかるからね。

今日はこれで帰るからね！　麻耶と会えて嬉しいよ。愛しているからね……」

麻耶は、その日の夜は一睡も眠れなかったのです。

ひとり庭に出て夜空を見上げ、星々の煌《きら》めきを震える思いで見つめていました。

現在、地球に存在している〝スターシード〟は約二億人いるとされています

麻耶はユリウスに会えてから、何をしていても考えているのです。

やがてユリウスと一緒にとても大きな使命を果たすことになる、と話していた意味を考えてみたのです。

やはり、今の暮らしが最も幸せな状態だと思うのです。

サーシャーとお話ししてみたいなと思っていました。

ある日の夜、とても暖かい包み込まれるエネルギーのなかで、聞き覚えのあるサーシャーお姉さまの声が麻耶に話しかけてきたのです。

「麻耶、いろいろあって大変だったと思うけれど、やっと遼さんとも会えて新しい道に踏み出せてよかったですね。ファミリーたちも喜び安心していますよ。

今回、麻耶がどうして〝菩薩の座〟に至れたのかというお話を少し、私からお伝えしますね。

二人の愛の交流からとても大切な変化が起きているのです。なぜなら、人間に必ず備わっている七つのチャクラのうち、第一チャクラである場所には仏がいて、『ムーラダーラ・チャクラ』といい、第五チャクラにも仏がいて、『ヴィシュッダ・チャクラ』とされているこの上下のチャクラが開き、サンスクリット語で言われている『イダー』と『ピンガラ』を通してエネルギーが上昇すると、頭上が盛り上がり小さなピラミッドが完成します。すると、この粒子のエネルギーは松果体をとても活性化し、宇宙の源（Source）とより密接な強い繋がりが起きるのです。

麻耶は、地球の『喜・怒・哀・楽』の感情の世界から、これで抜け出すことができるようになったのですよ。この意味をわかりやすくいうなら、宇宙の上級クラスに入学でき、さらに学びたいのなら宇宙大学などの驚くような叡智《えいち》の世界に参入することが可能になった、ということなのです。だから、麻耶が望むなら、身体を持ったまま虹の王国に帰ってくることが可能になったのですよ」

「お姉さま、今は遼さんに会えてとても大切にされ、子供たちも立派に成長してきました。私は今の暮らしで充分幸せなんです。先日、ユリウスが私に会いに来てくれました。とても嬉しくて喜びましたが、やはりユリウスも『やがて麻耶は、銀河連合のなかで一緒に使命を果たしていくことになるよ』と言っていました。

けれど私は、今この地球でどうしても成し遂げたい仕事があります。その目的を充分に成し遂げた時には、必ずユリウスたちと銀河間での大きな使命もいただきますと、ファミリーにお伝えください」

「わかりましたよ。お父さまやファミリーにはお話ししておきますね。けれど、もっと時間が経過すると、麻耶は銀河連合の働きとはどんなに壮大で、最も深い愛と叡智《えいち》を理解していくことが必要な時がくると思っていますよ。また見守りますね」

麻耶が成し遂げたいことは、地球に残っているたくさんのライトワーカーの方々に向けて、どうしても伝え残していきたいこれまで体験できたからこそ掴《つか》み取れた「練金術」で身体を整えて、やがてそれぞれのふるさとの星に帰るための重要な秘儀である作法を、書き残していきたいと強く思うのです。

なぜなら、当然ライトワーカーの方々はこの社会で立派な使命を果たしていると思います。

けれど、どこにも〝聖なる性の真実〟を解き明かしている資料があるとは思えないからです。

それから麻耶は、どのように書き残すことができるのかを日々思い巡らせ、考えて過ごしていました。すると、虹の王国のファミリーとの出会いも含め、普通に話しては誰にも信じてはもらえないと思う話は「ＳＦ」なら書けるかもしれないと気がつきました。

お姉さまとお話をしてから半月くらいが経ち、滝野さんに来ていただき本の下書きを始めた頃でした。

眠りにつこうとしていた時に、リチャードが話しかけてきました。

「麻耶、いろいろあったね。サーシャーからも麻耶の思いを伺っていたよ。また、麻耶が今本を書こうとしている考えは、僕はとても賛成だよ。

なぜなら、現在人間として転生している〝スターシード〟――〝次元上昇《アセンション》〟のサポートを志願して宇宙から来た魂――が二億人以上いることがわかっているんだよ。彼らのほとんどはまだ自分たちが宇宙からきたスターシードであることを知らずにいるんだ。さまざまな星から来ているけれど、スターシードの三分の二は、プレアデス星とアンドロメダ星とアルクトゥルス星から来ている魂がほとんどなんだよ。

だから麻耶が経験した、大切なふるさとの星に《凱旋《がいせん》》することができる体験談を書き残してあげることは、麻耶の大切な仕事だと思うよ」

「お兄さま、久しぶりにお会いできて嬉しいです。現在の地球にそんなにたくさんのスターシードたちがいらっしゃるのですか。私はその方々に伝えたいことがたくさんあります」

「現在、地球にこれまでになかった大変革が何万年ぶりに起きようとしているから、それに関わろうとしている銀河の惑星人たちがたくさん地球を取り巻いているんだ。現在目撃されているＵＦＯは地球に転生したスターシードたちの友人であり、またソウルファミリーなんだよ。スターシードは特定の才能やスキル、特定の分野で働くための直感、または特定の目標を達成する使命を持って来ている場合がほとんどなんだ。

麻耶は以前、お父さまに聞いているよね？　すべての歴史のドラマや、またスターシードがいつどこの星から地球にどんな目的で参加しているかなどは、すべての経験はアカシックと魂の内側に記録されているからね」

「お兄さま、この惑星間のまるで映画『スター・ウォーズ』のような争い合いが、現在の地球では光の勢力である銀河連合が助けをしてきて、ほとんど解決に近く治まってきたと言われています。素晴らしい時代を迎えたと思います。けれど、役目を終えてどのようにしてふるさとの惑星に帰ったらよいのかと求めているライトワーカーの方々には、助けが必要だと思います」

「そのとおりなんだよ、麻耶。だから、これから地球に奉仕者として来ているスターシードたちには、これまで受け取ったこともない最大の贈り物が宇宙次元では準備されているんだよ。すべての生命は神の子だから、必ずどんなことがあろうと救われるのだけれど、今回地球のイベントとされている二〇二五年から起こりうる、この太陽系の大変革期に上昇できなければ、またとても長い歳月、地球の三次元の現在と同じ体験となる生まれ変わりを、地球以外の星でしなければならないんだよ。そのことを知らずにいるならジェネレーションギャップの違いだけでよいのだけれど、すでにこのような束縛や酷いことと争い合いが平気でなされる星にはいたくないと思うなら、まさに二〇二五年から最終的なイベントになる二〇三〇年までには〝次元上昇《アセンション》〟すべきだよね」

「お兄さま、本当にありがとうございます。私はしっかりとこの大切なお仕事をやり遂げて、虹の王国に還りたいと思います。その時まで、どんなことがあっても諦めずに、遼さんと一緒に使命を成し遂げます。また、その成せたところまでを、希美と健が引き継いでくれるように、しっかり成し遂げようと思います。応援していただけると嬉しいです」

銀河連合のユリウスから「スターシード」へのメッセージ

スターシードたちへ、銀河連合のユリウスからの知らせが入りました。

〈真理を実践するスターシードおよびライトワーカーたちは、すでに人間のように見えても、実は神の光そのものなのです。

神の奉仕者としての誇りをもってください。多くの同胞が世界中にいて、準備を整えだしています。時は迫ってきました。私たちも全力をあげてお手伝いをします。決して、何事も恐れることなく、あなたたちが知った真理を広めてください。

地球の振動オクターブと異なる高密度な世界では、地球とは違って肉体や機械装置の類を必要としていないのです。宇宙人の世界にはさまざまな進化の程度に差はありますが、この太陽系では地球が最も遅れているのです。

人類を救済する一大事業である銀河連合の奉仕者たちは、太陽の中心にある神の座へ招かれ「銀河の宇宙船」で到達しているのです。地球からみると、太陽の熱はすべてを焼き焦がすのではないかと思われていますが、銀河連合からは問題なく行き交うことができるのです。

はるかに優れた惑星から地球の人々の助けとなりたいという気持ちの大小によって、霊魂を種々の組に分類する組織があるというのは事実なのです。そのなかでも最高のクラスはキリストであり、ブッダであり、さまざまな賢者たちです。最も仏性を通して日本のスターシードたちを導く力を与えられているのは、空海の縁に繋《つな》がる勇者たちです。日本の使命は未来にとても大きな働きをすると銀河連合たちが了承し期待しています〉

この度ユリウスからの知らせが届いて、麻耶のこの度の人生もそうだけれど、これまでさまざまな生まれ変わりをとおし、肉体生活において筆舌に尽くし難いほどの苦難に耐えて、自我を脱却しようとしている人々との出会いと集いをもつことがいかに大切かと、思いを新たにするのです。

「とても感動する大切なお知らせをいただきました。

私はこれから、自分がこの人生で苦しみながら体験した真理への道を学び合うための場を完成させたいと思っています。人と人との出会いは、互いに感じられることを鏡のようにして、自分が大切に感じてきたことを確認できることが最も確信となり大切な導きである、と私は信じてきました。

また、〝聖なる性の世界〟をすぐに体験として迎える状況をもてない方々に対しても、この法則がとても大切な道への真理なのだと腑に落とすことができた人は、必ずその気づいた道に向かわずにはいられない生き方をすることを、私はこれまでの学びのなかで確信できていま す。

また、私が知り得ないことを学ぶために、虹の王国のファミリーたちに会いにいくことも許され、ユリウスに再会することも許されることを知って、どんなに感動し感謝の思いをもって歩み続けることができるかと思うと、どんな試練も怖くはないと思うのです」

偶然などはありえずに、起きる出会いはまさにタイミングを得て、ベストな再会になると信じています。思いをともにする方々と必ずお会いできることを信じ、集いの場でご縁をいただけることを信じています。

終わり

あとがき

このファンタジックな物語を書き残していきたいと思いながら、振り返ってみると、驚くような年数が経過していました……。

まず、一九八四年〜一九八七年には、『水瓶座の時代』（創刊号、自費出版）、『アクエリアス革命』（二号〜四号、たま出版）と、立て続けに全四冊を出版しました。

そのことは、一介の主婦として普通に子育てをしているだけでいい立場でありながら、駆り立てられるような〝熱情〟とともに、〝宇宙からのメッセージを多くの方にお伝えしたい!!〟との想い一筋で成せたことでした。

でも、その後の十数年間は、「そんなことを他人《ひと》さまに言ってはいけません。『病院に入りなさい！』と言われますよ」と、家族に言われたことが身に染みて、静かに真理を見つめ学んできました。

二〇〇八年、北海道余市町にコンドミニアム《Ｅ《エ》Ｍ《マ》ＥＲ１４０》をオープン。一五〇坪の土地に海の見える収容人数五十名ほどの多目的ホールを併設し、たくさんの人に「新しい時代」の生き方を伝えてきました。

二〇二〇年には、『いのちがセクシーでありなさい』をＫｉｎｄｌｅで販売しました。

しかし、封印された〝聖なる性の世界〟は、言葉で表現することはなんて困難な世界なのだろうと思い、長い歳月体験したことを胸に抱えながら生きてまいりました。

人々の関心事と私の生き方があまりに相違があるので、やがて名刺を渡しながらジョークのように「私は在日宇宙人です」と言いながらまいりました。

けれど、振り返ってみると、運命はまさに約束した出会いの方々に導かれ、どれほど感謝の日々を重ねてきたかわかりません。

一番知りたかったことを体験して長年抱えたままきましたが、ある信頼する超能力を持った方に会えた時、このように言っていただきました。

「あなたは本当は、もう生まれ変わらなくてよいところにいたのですよ。けれど、どうしてもまだ体験して成し遂げたいことがあると言って、この度の使命に導かれました」

私は、すでに時代が大きく変化し光の勢力が勝り、もうなんの心配もしなくていい時代を迎える、と考えていたのでした。しかし、昨年（二〇二二年）八月、奄美大島にいるとても素敵なユタさんに会いに伺った際に、落雷や大雨のなかで〝驚くような神示〟が告げられました。

《生まれる前に宇宙にて　神々に約束してきた大切な仕事を　成し遂げずに還るのか……⁉》

と言われました。……私は驚きながら、「また生まれ変わって、やり残したことをしたくはない――」と決意した結果、この物語が生まれました。この本を手にされる方々のご縁に、感謝申し上げます。

また、スターシードの方々がどんなにご苦労されてきたかを知る私は、再会できたらと考えてきました。健在であるうちに、素晴らしいご縁の方たちと学び合いができたらと考えています。そのような場を持てるように努力いたします。

この物語が完成するためには、ともに取り組んでくださったふたりの方に心から感謝をせずにはいられません。私の苦手なことをお手伝いくださった、かおりさんに感謝しています。また、魂を込めて数十回もの校正のやり取りや編集をお手伝いくださった橋場正博さんに、心からの感謝を申し上げます。

おふたりがいなければ、私の魂を打ち込んだ、このファンタジックな作品は生まれませんでした。

メールアドレスを記載しますので、ご連絡いただける方はお知らせください
ここからさらに新しい発信を続けていきたいと思っています
ご縁のある方々にお会いする機会もつくりたいと望んでいます
お気持ちを共有できる方はご一報ください

メールアドレス：aquakikaku.gaisen@gmail.com

ＱＲコード：

待ち焦がれていた凱旋の時がきました

ふるさとに還りたいスターシードたちへ

発　行　日　2024年2月14日　初版第一刷発行

著　　　者　村松　祐羽

定　　　価　本体価格２,500円＋税

制　　　作　UTSUWA出版
〒906-0013　沖縄県宮古島市平良字下里1353-10
HP：https://utsuwashuppan.net

発　　　行　合同会社 Pocket island
〒914-0058 福井県敦賀市三島町1丁目7番地30号
mail：info@pocketisland.jp

発　　　売　星雲社（共同出版社・流通責任出版社）
〒112-0005 東京都文京区水道 1-3-30
電話：03-3868-3275

印刷・製本　大日本法令印刷株式会社

連　絡　先　有限会社アクア企画
〒063-0811 北海道札幌市西区琴似1条6丁目4-14-1401号
mail：aquakikaku.gaisen@gmail.com

ISBN　978-4-434-33473-3 C0095